中国金融四十人论坛
CHINA FINANCE 40 FORUM

致力于夯实中国金融学术基础，探究金融领域前沿课题，
引领金融理念突破与创新，推动中国金融改革与发展。

读懂
双循环
新发展格局

刘元春◎著

中信出版集团 | 北京

图书在版编目（CIP）数据

读懂双循环新发展格局 / 刘元春著 . -- 北京：中信出版社，2021.6
ISBN 978-7-5217-3105-7

Ⅰ . ①读… Ⅱ . ①刘… Ⅲ . ①中国经济—经济发展—研究 Ⅳ . ① F124

中国版本图书馆 CIP 数据核字（2021）第 079880 号

读懂双循环新发展格局

著　　者：刘元春
出版发行：中信出版集团股份有限公司
（北京市朝阳区惠新东街甲 4 号富盛大厦 2 座　邮编　100029）
承 印 者：天津市仁浩印刷有限公司

开　　本：787mm × 1092mm　1/16　　印　　张：13　　字　　数：170 千字
版　　次：2021 年 6 月第 1 版　　印　　次：2021 年 6 月第 1 次印刷
书　　号：ISBN 978-7-5217-3105-7
定　　价：68.00 元

中国金融四十人论坛书系
CHINA FINANCE 40 FORUM BOOKS

“中国金融四十人论坛书系”专注于宏观经济和金融领域，着力金融政策研究，力图引领金融理念突破与创新，打造高端、权威、兼具学术品质与政策价值的智库书系品牌。

中国金融四十人论坛是中国最具影响力的非官方、非营利性金融专业智库平台，专注于经济金融领域的政策研究与交流。论坛正式成员由40位40岁上下的金融精锐组成。论坛致力于以前瞻视野和探索精神，夯实中国金融学术基础，研究金融领域前沿课题，推动中国金融业改革与发展。

自2009年以来，“中国金融四十人论坛书系”及旗下“新金融书系”“浦山书系”已出版150余本专著。凭借深入、严谨、前沿的研究成果，该书系在金融业内积累了良好口碑，并形成了广泛的影响力。

目　录

前言

《中共中央关于制定国民经济和社会发展第十四个五年规划和二〇三五年远景目标的建议》指出，加快构建以国内大循环为主体、国内国际双循环相互促进的新发展格局。这一战略抉择，是新阶段我国发展内外部因素综合作用的内生产物，与新常态理论、新发展理念、供给侧结构性改革以及高质量发展理论一脉相传，是习近平新时代中国特色社会主义经济思想和中国特色社会主义政治经济学的新发展。

改革开放以来，我国对内改革、对外开放，逐步利用国内国际两种资源、两个市场，融入国际经济大循环。改革开放初期，政策导向以出口为主、进口为辅，鼓励以劳动力要素参与外循环的加工贸易。这一时期确立了"促进出口、限制进口，保护与促进国民经济发展，保证国家关税收入"的对外开放总方针，政策动机集中在扩大贸易顺差、积累外汇储备，政策管理方式转向宏观经济调整改革，并在税收、外汇等领域采取一系列配合措施。在此期间，我国加入 WTO（世界贸易组织），参与国际经济循环的内外部环境大幅优化，关税水平、贸易政策不确定性、贸易规则不透明性大幅下降。国内法律和行政管理制度改革，尤其是《中华人民共和国对外贸易法》的修订显著促进统一、规范、透明的对外贸易制度体系的形成。

进入新常态之后，我国的对外开放政策以“稳增长、转方式、调结构”为中心基调，致力于在建设强大国内市场的同时建设更高水平的对外开放。这一阶段的政策导向从之前的“进出口并重”转向 2012 年提出的“扩大进口规模”，并于 2017 年提出“积极扩大进口，促进贸易平衡”；2018 年进一步提出要支持关系民生的产品进口，拓展对于“一带一路”沿线国家的进口，举办进博会等进口促进活动，建设进口贸易促进创新示范区等进口平台。2020 年党的十九届五中全会公报明确提出，要坚持扩大内需这个战略基点，畅通国内大循环，促进国内国际双循环，拓展投资空间。

另外，党的十八大以来，党中央根据新时代面临的新格局、新挑战、新规律和新使命，提出了一系列以内需拉动和创新驱动来促进经济发展的举措。2012 年年底中央经济工作会议提出，以“扩大内需、提高创新能力、促进经济发展方式转变”替代“简单纳入全球分工体系、扩大出口、加快投资”的传统模式。2019 年中央财经委员会第五次会议决定，要坚持独立自主和开放合作相促进，打好产业基础高级化、产业链现代化的攻坚战。

新发展格局是我国在新发展阶段对既有发展战略的提升和深化。改革开放以来，我国经济的快速发展、综合国力的大幅提升为构建新发展格局奠定了坚实的供给基础、需求基础、制度基础、实践基础、理论基础，提供了战略窗口期。新发展格局是党和政府顺应经济发展规律，着眼于发挥我国具有全球最完整且规模最大的工业体系、强大的生产能力、完善的配套能力、超大规模的内需市场、巨大的投资需求潜力等发展优势，根据我国发展阶段、环境、条件变化提出的，是对既有发展战略的提升和深化。

构建新发展格局要坚持稳中求进工作总基调，坚持新发展理念，坚持以供给侧结构性改革为主线，坚定实施创新驱动发展战略、乡村振兴战略、区域协调发展战略等一系列重大国家战略。同时，在新发展阶段实现更高质量发展，也需要根据内外部环境的变化，围绕构建新发展格局进行新一轮的顶层设计和总体规划。新发展格局具有继承与创新辩证统一的内涵和特征。

当前全球风险因素增多，双循环战略更加侧重以内循环为主，加强国内经济一体化建设，增强抵御外部不确定性所带来的风险的能力，是短期应对与中长期发展的有机结合。从短期应对的角度来看，以内循环为主体的双循环发展格局的提出是大国博弈及逆全球化思潮的应对之策。从中长期发展的角度来看，“内循环为主体”是我国经济实现高质量发展的必然选择。当前中国经济已经从高速增长转向高质量增长，正处在转变经济发展方式、优化经济结构、转换增长动力的攻关期，面临着结构性、体制性、周期性问题相互交织带来的困难和挑战。2021 年是“十四五”规划的开局之年，迈向“以国内大循环为主体、国内国际双循环相互促进的新发展格局”决定了战略转型和战略替换将是 2021 年经济运行的核心主题。

第一章

双循环战略的时代背景及理论基础

第一节　改革开放四十年来我国经济发展取得的伟大成就

社会经济获得长足发展

改革开放以来，我国坚持以经济建设为中心，不断地解放和发展社会生产力，GDP（国内生产总值）由1978年的3 679亿元增长到2020年的101.6万亿元，年均实际增长率超过10%，远高于世界经济2.9%左右的年均实际增长水平。截至2019年，我国已经是世界第二大经济体、制造业第一大国、货物贸易第一大国、商品消费第二大国、外资流入第二大国，外汇储备连续多年位居世界第一，我国日益成为世界经济增长的动力之源、稳定之锚。[1]在GDP不断提高的同时，我国也成功地由低收入国家跨入中等偏上收入国家行列。[2]我国人均GDP

扣除价格因素后，比改革开放初期增长近 29 倍。人均 GNI（国民总收入）由 1978 年的 200 美元提高到 2019 年的 10 190 美元，超过中等偏上收入国家平均水平。[3]

在国际贸易方面，我国货物进出口规模稳步增长。按人民币计价的进出口总额从 1978 年的 355.04 亿元，提高到 2019 年的 31.56 万亿元，增长约 890 倍，年均增速超过 18%。其中，出口总额从 168 亿元提高到 17.2 万亿元，增长约 1 023 倍，年均增速达到 18.4%；进口总额从 187 亿元提高到 14.3 万亿元，增长约 764 倍，年均增速逼近 17.6%。改革开放之初，我国货物进出口占国际市场份额不足 1%，截至 2019 年，我国货物进出口占国际市场份额接近 12%。

在经济总量不断发展的同时，我国的经济发展水平不断提高，经济结构显著优化。改革开放 40 年来，我国坚持巩固加强第一产业、优化升级第二产业、积极发展第三产业，三大产业结构在调整中不断优化，农业基础地位更趋巩固，工业逐步迈向中高端，服务业成长为国民经济第一大产业。

在农业与农村方面，我国粮食产量已由 1978 年的 6 000 多亿斤增长到 2019 年的 13 276.9 亿斤。休闲农业和乡村旅游蓬勃发展，2019 年乡村休闲旅游接待游客 32 余亿人次。2019

年，我国农村居民人均可支配收入达到 16 021 元，是 1978 年的 119 倍。在农村经济发展、农民普遍增收的基础上，农村基础设施建设不断加强。2016 年末，超过 91% 的乡镇实现集中或部分集中供水，电力、公路、宽带、有线电视条件显著改善，农村面貌日新月异。[4] 按当年价现行农村贫困标准来衡量，1978 年年末农村贫困发生率约为 97.5%，以乡村户籍人口作为总体推算，农村贫困人口规模为 7.7 亿人；2019 年年末农村贫困发生率为 0.6%，贫困人口规模为 551 万人。[5] 从 1978 年到 2019 年，我国农村贫困人口减少 7.65 亿人，年均减贫人口规模接近 1 900 万人；农村贫困发生率下降 96.9%，年均下降约 2.4%。[6] 经过多年持续奋斗，2020 年我国如期完成了新时代脱贫攻坚目标任务，现行标准下农村贫困人口全部脱贫，贫困县全部摘帽，消除了绝对贫困和区域性整体贫困，近 1 亿贫困人口实现脱贫，为全面建成小康社会做出重大贡献，为开启全面建设社会主义现代化国家新征程奠定了坚实基础。

在工业方面，我国也取得了举世瞩目的成就，建立了门类齐全的现代工业体系，跃升为世界第一制造大国。在改革开放前，我国工业基础比较薄弱，1978 年工业增加值仅有 1 622

亿元。改革开放后，1992 年工业增加值突破 1 万亿元大关，2007 年突破 10 万亿元大关，2012 年突破 20 万亿元大关。2019 年工业增加值超过 31 万亿元，按可比价计算，比 1978 年增长 60 倍，年均增长 10.5%。主要经济指标迅猛增长，2019 年工业企业资产总计达到 120 万亿元，较 1978 年增长 265 倍；实现利润总额为 6.6 万亿元，较 1978 年增长 110 倍。

由于工业长期保持较快增长，我国制造业在世界中的份额持续扩大。1990 年我国制造业占全球的比重为 2.7%，居世界第九位；2000 年上升到 6.0%，居世界第四位；2007 年达到 13.2%，居世界第二位；2010 年占比进一步提高到 19.8%，跃居世界第一位，自此连续多年稳居世界第一。[7]

在服务业方面，改革开放后，党和国家以改善人民群众生活为突破口，采取各项积极有力措施，加快服务业发展，逐步取消和降低了部分服务业市场准入门槛，探索并推进金融、电信、交通、房地产等行业市场化改革，不断放开服务业各领域价格管制，服务供给得到有效改善，生产效率大幅提升。1978—2019 年，我国服务业增加值从 905 亿元增长到 534 233 亿元，年均实际增长 16%，比 GDP 年均实际增速高 6.5 个百分点；服务业占 GDP 的比重从 24.6% 上升至 54.4%；对国民经济增长的贡献率从28.4%上升至63.5%，成为国民经济第一大产业和经济增长的主动力。党的十八大以来，我国大力推进服务领域改革，服务业迸发出前所未有的生机和活力，新技术、新产业、新业态、新商业模式层出不穷，服务业成为国民经济的第一大产业和经济发展的主动力，成为保障就业、财税、新增市场主体稳定增长的重要力量和基石。[8]

人民生活水平显著改善

改革开放40年来，我国居民收入节节攀升，消费水平大幅提高，消费质量显著改善。随着人民生活水平的不断提高和市场供给端的长足进步，居民消费实现了由实物型向服务型的转变，文化娱乐、休闲旅游、大众餐饮、教育培训、医疗卫生、健康养生等服务性消费成为新的消费热点。

在餐饮消费方面，2019年，国内餐饮市场规模达到46 721亿元，是1978年的852倍，年均增长为17.9%，比社会消费品零售额年均增速高出3.4个百分点，占社会消费品零售总额比重由1978年的3.5%上升到2019年的11.4%。

在旅游消费方面，有关数据显示，2019年，我国人均出游已达 4.3 次，国内旅游人数达到 60 亿人次，是 1994 年的 11 倍，年均增长 10%。2019 年全国旅游总花费约 5.7 万亿元，是 1994 年的 56 倍，年均增长 17.5%。

在文化娱乐消费方面，国家新闻出版广电总局电影局发布的数据显示，2019 年全国电影总票房 643 亿元，是 1991 年的 25 倍多，年均增长约 12.2%；2012 年以来，我国电影市场规模稳居世界第二，2012 年总票房为北美市场的 25%，而 2017 年已达到北美市场的 77.6%。特别是国产电影市场发展良好，产量稳中有升，从 2013 年起，其市场份额始终保持在 50% 以上，2019 年更是达到了 64.1%。[9]

同时，党和政府始终坚持在发展中保障和改善民生，全面推进幼有所育、学有所教、劳有所得、病有所医、老有所养、住有所居、弱有所扶，不断改善人民生活、增进人民福祉。改革开放 40 多年来，我国建成了包括养老、医疗、低保、住房在内的世界最大的社会保障体系，养老、医疗、失业、工伤、生育保险制度日趋完善，基本养老保险覆盖超过 9 亿人，医疗保险覆盖超过 13 亿人，基本实现全民医保。失业、工伤、生育保险的参保人数均达到 2 亿人左右，覆盖了绝大多数职业群体。企业退休人员基本养老金自 2005 年以来连续多年上调，城乡居民养老保险基础养老金最低标准、失业保险、工伤保险等各项社会保险待遇水平，都随着经济社会发展得到了相应提高。随着新型农村合作医疗制度在全国的推广建立，以及近年来基本医保和大病保险保障水平的提高，居民看病就医较以前更加便利，更多得到政府补助，居民医疗保健支出明显增加。2019 年，城镇居民人均医疗保健支出 2 283 元，1979—2019 年年均增长 16.5%；人均医疗保健支出占比为 8.1%，比 1978 年提高 6.7 个百分点。2019 年，农村居民人均医疗保健支出 1 421 元，1986—2017 年年均增长 16.6%；人均医疗保健支出占比为 10.7%，比 1985 年提高 8.3 个百分点。[10, 11] 根据中国人口普查数据，1981 年中国人口平均预期寿命是 67.8 岁，[12]2020 年中国人口平均预期寿命上升到 77.3 岁，增加了 9.5 岁，[13] 健康水平已优于中高收入国家平均水平。免费基本公共卫生服务扩展到 14 类，开展 21 种大病集中救治，细化慢病签约服务，加强重病兜底保障，农村贫困人口医疗费用报销比例提高到 80% 以上。[14]

全面融入世界经济体系

改革开放以来，我国不断发展与世界各国或地区在贸易、投资等领域的交流与合作，全方位融入世界经济，参与经济全球化能力大幅提升。自2001年加入世界贸易组织后，我国切实履行加入世贸组织承诺，坚定支持多边贸易体制，积极推进贸易投资自由化、便利化，全力支持发展中国家融入多边贸易体制。党的十八大以来，我国坚定不移地奉行互利共赢的开放战略，通过二十国集团、金砖国家等机制，建设性地参与全球经济治理。2015年年底，亚洲基础设施投资银行宣告成立，这是首个由我国倡议成立的多边金融机构，截至2020年12月，已拥有遍及全球的103个成员，具有全球代表性和影响力。

在我国深度融入全球经济体系的同时，区域经济合作也不断深化，自由贸易区战略加快实施。20世纪90年代以来，我国积极参与亚太经合组织、上海合作组织和亚欧会议等区域性合作，在推进多边经济合作中发挥了重要作用。到2020年年底，我国已签署19个自贸协定，自贸协定利用率达77%，涉及26个国家和地区，遍及亚洲、拉丁美洲、大洋洲、欧洲等。[15]在已签署的自贸协定中，零关税覆盖的产品范围超过90%。[16]我国还在推进多个投资和自贸协定谈判，并于2020年签订了《区域全面经济伙伴关系协定》（RCEP）和《中欧全面投资协定》（中欧CAI）。其中，2012年启动的RCEP谈判，是目前亚洲正在建设的规模最大的自由贸易区，涵盖全球一半以上人口，经济和贸易规模占全球的30%；而中欧双边货物贸易总额达6 000亿美元左右，人口合计19亿人，经济总量占全球的1/3。上述两个协定的签署，进一步推进了我国深度开放和融入全球的进程,有助于提振全球贸易和投资,助力全球经济复苏。

国际地位持续不断提高

改革开放40年来，在国际形势复杂多变、国际竞争压力不断加大的情况下，我国经济社会发展经受住了各种重大挑战，社会生产力快速发展，综合国力大幅提升，人民生活明显改善，社会事业全面发展，国际地位和影响力明显提高，我国取得了举世瞩目的成绩。党的十九大提出，中国经济已由高速增长转向高质量发展。

在国家推动实施供给侧结构性改革和双循环战略的背景下，我国经济增速尽管近年来有所放缓，但在全球来看仍然是较高增速。2020年中国经济依然能够实现2.3%的增长，是世界上唯一实现正增长的主要经济体。在经济高速发展的同时，我国高举和平、发展、合作、共赢的旗帜，恪守维护世界和平、促进共同发展的外交政策宗旨，推动建设相互尊重、公平正义、合作共赢的新型国际关系；坚持世界各国和各国人民应该共同享受尊严、共同享受发展成果、共同享受安全保障；坚持国家不分大小、强弱、贫富一律平等，尊重各国人民自主选择发展道路的权利，反对干涉别国内政，维护国际公平正义；不把经济的长期发展建立在一批国家越来越富裕而另一批国家却长期贫穷落后的基础之上。

同时，我国尊重各国人民自主选择发展道路的权利，维护国际公平正义，倡导国际关系民主化，反对把自己的意志强加于人，反对干涉别国内政，反对以强凌弱。在国际事务和地区事务上，我国积极发挥负责任的大国作用，支持广大发展中国家发展，积极参与全球治理体系改革和建设，共同为建设持久和平、普遍安全、共同繁荣、开放包容、清洁美丽的世界而奋斗。在世界贸易规则的制定中，我国支持开放、透明、包容、非歧视性的多边贸易体制，促进贸易投资自由化便利化，推动经济全球化朝着更加开放、包容、普惠、平衡、共赢的方向发展。

第二节　国际环境的新变化

世界经济中心转移

2020 年新冠肺炎疫情的全球肆虐在短期内加剧了世界经济发展的不均衡不平等。国际劳工组织报告指出，受疫情影响，2020 年的前 6 个月，统计范围内 2/3 国家的月平均工资有所下降或增长放缓，疫情或对近期平均工资水平造成巨大下行压力。[17] 联合国贸发会议发布《2020 年最不发达国家报告》指出，新冠肺炎疫情将在全球最不发达国家的减贫、教育等领域产生负面影响，使 3 200 万人重新陷入极端贫困。其中 47 个最不发达国家 2020 年的经济表现为近 30 年来最差，导致贫困率从 32.5% 上升到 35.7%。[18] 我国及时采取的严格疫情防控措施最大限度地减少了疫情暴发对于经济的冲击，没有给未来经济增长带来明显的长期性损伤。

2020 年中国是唯一实现正增长的世界主要经济体。OECD

（经合组织）在报告中预测，2021 年中国经济增长预计将达到 8%，仍将是世界主要经济体中增速最快的，对世界经济增长的贡献率将超过 1/3。[19] 在疫情冲击的此消彼长下，中国经济的快速复苏具有十分重要的战略意义，不仅使世界经济中心东移的进程加快，更彰显了中国制度的显著优势，为加快构建以国内大循环为主体、国内国际双循环相互促进的新发展格局创造了战略时机和坚实基础。[20]

全球经济严重衰退

国际主要机构此前预测，2020 年全球 GDP 将出现 4.4%~5.1% 的负增长。虽然同时也预期了 2021 年全球 GDP 会出现 4.6%~5.2% 的正增长，规模可能回到 2019 年水平，但是，由于新冠肺炎疫情在全球范围的持续肆虐，上述判断依然存在重大不确定性。尤其是欧美国家自 2020 年 10 月以来接连出现疫情风险升级，2020 年第 4 季度及 2021 年的 GDP 的增速可能低于上述预期（见表 1.1）。

表 1.1　2020—2021 年全球经济增速的预测

预测机构	2020 年疫情前的预测（%）	2020 年最新预测（%）	2021 年最新预测（%）	最新预测时间
OECD	2.9	–4.5	5.0	2020 年 9 月
IMF	3.3	–4.4	5.2	2020 年 10 月
PIIE	3.3	–4.4	4.7	2020 年 10 月 8 日
EIU	2.3	–5.1	4.6	2020 年 8 月 21 日

数据来源：OECD；IMF（国际货币基金组织）；PIIE（彼得森国际经济研究所）；EIU（经济学人智库）。

在新冠肺炎疫情的冲击下，全球经济的衰退与复苏同全球贸易的下滑与反弹直接相关。IMF 的预测数据显示，2020 年全球市场急剧萎缩，全球货物贸易出口将下降 8.0%，全球货物和服务贸易出口将下降 10.2%，降幅超过 2009 年国际金融危机时期 9.9% 的下降幅度。虽然预期 2021 年全球货物贸易出口将增长 7.9%，全球货物和服务贸易出口将增长 7.9%，但是这种力度的反弹主要是在 2020 年较低基数的基础上产生的，从贸易的绝对规模上看，2021 年全球货物贸易、货物和服务贸易的规模仍然略低于 2019 年的水平。

逆全球化面临加速风险

随着全球动能的加速弱化，人口老龄化、收入不平等、技术进步、高债务、公共品缺失、治理体系恶化、民粹主义、贸易保护主义、地缘政治九大问题会持续恶化，大国博弈将持续掀起新浪潮。

当前世界正在经历第四次逆全球化。纵观人类历史上的四次逆全球化，一个很重要的基本规律是逆全球化往往发生在大国博弈、超级强国博弈时期，持续时间往往在20年左右。从2008年开始的第四次逆全球化，当前不仅没有缓和，反而在加速，特别是新冠肺炎疫情使安全问题、产业链的“备胎”问题更加突出，即使新冠肺炎疫情得到全面控制，产业链、供应链的重构也会导致逆全球化更进一步。疫情使各种传统问题持续恶化，并带来基础性、结构性和趋势性的变化，深度衰退和复苏中枢的后移使世界在结构加速调整中充满不确定性。

从数据上看，全球出口占GDP的比重从2008年最高点26.5%下降到2019年21.6%，下降了约4%，2020年比2019年又下降了5%。[21] 2020年上半年，全球外国直接投资额同比下降 49%，导致全球直接融资融合度下降 20 多个百分点。全球服务贸易的收缩更为迅猛，联合国国际贸易中心曾预计 2020 年会下降 23%。以此来看，世界各国并没有找到强劲增长的方法。由于疫情的全球肆虐，各种传统问题不断恶化，世界经济的长期停滞或进一步持续。

全球经济增速持续低迷必定带来全球利益分配模式的持续变化，世界各地的结构性问题将持续发酵，并带来世界格局变化和区域冲突。党的十九届五中全会也反复谈到国际力量对比深刻调整、国际环境日趋复杂的问题。

后疫情时期，国际治理体系正处于加速解构过程，难以在短期之内得到恢复，国际治理能力也正处于加速耗散的过程。虽然针对疫情之后的全球化治理已经有很多药方，但这些药方大多不仅没有解决问题，反而成为问题的本身。

展望未来，多边主义的力量可能有所削减，而区域主义或将持续上扬。过去的一百多年，人类已经历四次逆全球化，其解决的方式都不是软着陆，而是产生了激烈碰撞。目前各国提供的方案能不能解决各个利益方的诉求，值得进行更深层次的思考。[22] 因此，未来五年是百年未有之大变局中的加速重构期，是世界经济动荡的一个关键期。[23]

第三节　双循环战略的理论基础

双循环战略提出的背后具有深厚的理论和实践基础

《中共中央关于制定国民经济和社会发展第十四个五年规划和二〇三五年远景目标的建议》指出，加快构建以国内大循环为主体、国内国际双循环相互促进的新发展格局。这一战略抉择，是新阶段中国发展内外部因素综合作用的内生产物，与新常态理论、新发展理念、供给侧结构性改革以及高质量发展理论一脉相传，是习近平新时代中国特色社会主义经济思想和中国特色社会主义政治经济学的新发展。

从净出口、消费及就业之间关系演变的角度来看，当一国经济处于内需不足的发展阶段时，净出口与消费不会构成要素竞争关系，反而能带来产出净增量，进而带动就业。但当内需崛起时，二者可能转为争夺生产要素，净出口的产出增量可能会被国内消费品生产收缩抵消，因此它们未必会促进就业。自新中国成立以来，为适应不同社会发展阶段的实际需求，我国经济依次经历了主要依靠国内循环、逐步深度融入国际循环、国内国际循环相对平衡的过程。贸易政策导向也随之出现相应调整和变化。

在其影响下，我国对外贸易依存度、进出口产品结构、贸易方式结构等经济循环的重要表现形式也呈现出差异化的阶段性特征。中华人民共和国成立之后的贸易政策反映了特定社会经济发展的实际需求，呈现出鲜明的阶段性变化，从内外循环完全隔绝、劳动力要素局部参与外循环、其他要素渐次涉足外循环，逐步有序地调整为更高水平的协调内外循环。具体来看，中国贸易政策发展历程中对双循环具有关键影响的历史节点是1978年改革开放、2001年加入WTO、2004年修订《中华人民共和国对外贸易法》彻底放开对外贸易经营权、2012年首次提出“扩大进口”这四大事件。据此，我们可将中国对外开放和贸易政策划分为四个重要阶段。

第一阶段是1949年至1978年，属于计划经济体制下的对外贸易统一管理阶段，政策导向以发展国内自循环为主，贸易的定位是“互通有无、调剂余缺”，仅作为国内经济的补充部分。中华人民共和国成立初期，为了对内迅速恢复国民经济、对外迅速扭转长期以来的贸易逆差，基本经济政策以“对内的节制资本和对外的统制贸易”为基调，实行贸易经营权管理、进出口计划管理、保护性关税和外汇管制，建立和落实由国家统负盈亏、统一领导的独立自主的对外贸易管理体制。

第二阶段是 1978 年至 2001 年，属于改革开放后的逐步融入国际经济、限制贸易经营权阶段，政策导向以出口为主、进口为辅，鼓励以劳动力要素参与外循环的加工贸易，贸易的定位发生质的变化，从“调剂余缺”转变为“推动经济增长”。改革开放政策明确了对外贸易在国民经济发展中的重要地位，树立了“促进出口、限制进口，保护与促进国民经济发展、保证国家关税收入”的对外开放总方针，政策动机从单纯的贸易保护转向扩大贸易顺差、积累外汇储备，政策管理方式也从微观经营机制管理转向宏观经济调整改革，并在税收、外汇等领域采取一系列配合措施。与相对明确的鼓励出口政策不同，此阶段的进口政策存在明显变化，从 20 世纪 80 年代初期紧缩性宏观调控政策下的“洋跃进”式盲目进口，转变为严格控制进口的政策导向。

第三阶段是 2002 年至 2011 年，属于对外加速融入国际循环、对内完全放开贸易经营权阶段，政策导向从“鼓励出口”向

“坚持出口和进口并重”转变，资本、技术等要素渐次涉足外循环。在此阶段，中国参与国际经济循环的内外部环境大幅优化，关税水平、贸易政策不确定性、贸易规则不透明性大幅下降，国内法律和行政管理制度改革，尤其是《中华人民共和国对外贸易法》的修订显著促进了统一、规范、透明的对外贸易制度体系的形成。例如，我国加权平均关税税率从 2001 年的 9.1% 下降到 2004 年的 6.4%。为适应 WTO 规则及我国所做的入世承诺，从中央到地方全面清理、修订了大批法律法规，仅当时的外经贸部便清理各类法律、法规、部门规章和政策措施一千余份。

第四阶段是 2012 年至今，外贸政策以“稳增长、转方式、调结构”为中心基调，致力于在建设强大国内市场的同时建设更高水平的对外开放。这一阶段的政策导向从之前的“进出口并重”转向 2012 年提出的“扩大进口规模”，并于 2017 年进一步提出“积极扩大进口，促进贸易平衡”。具体来看，2012 年提出要积极扩大先进技术设备、关键零部件和能源原材料的进口，扩大自发展中国家进口，鼓励开展直接贸易，并对多种进口产品下调暂定关税税率。2018 年，进一步提出要支持关系民生的产品进口，拓展对于“一带一路”沿线国家的进口，举办进博会等进口促进活动，建设进口促进创新示范区等进口平台。

2020年党的十九届五中全会公报更是明确提出要坚持扩大内需这个战略基点，畅通国内大循环，促进国际国内双循环，拓展投资空间。

从数据上看（见图1.1），1978年，我国出口依存度（出口占GDP比例）为4.6%，进口依存度（进口占GDP比例）为5.1%，经济基本处于封闭状态。此后，我国对内改革、对外开放，逐步利用国内国际两种资源、两个市场，融入国际经济大循环。1994年，我国出口依存度与进口依存度分别达到阶段性高点21.4%、20.5%。这一融入进程在1998年亚洲金融危机前后出现阶段性回落。此后随着加入WTO，我国成为“世界工厂”，2006年出口依存度与进口依存度分别达到35.4%、28.9%，创下有记录以来的最高点。至此，我国经济参与国际循环达到最高峰。此后，随着我国经济规模逐步扩大，以及2008年金融危机的爆发，我国经济进入国内循环、国际循环逐步平衡的发展阶段，2019年我国出口依存度与进口依存度分别达到17.4%、14.5%。

党的十八大以来，党中央根据新时代面临的新格局、新挑战、新规律和新使命，提出了一系列以内需拉动和创新驱动来促进经济发展的举措。比如，2012年年底中央经济工作会议提出，以“扩大内需、提高创新能力、促进经济发展方式转变”替代“简单纳入全球分工体系、扩大出口、加快投资”的传统模式；2019 年中央财经委员会第五次会议决定，要坚持独立自主和开放合作相促进，打好产业基础高级化、产业链现代化的攻坚战。

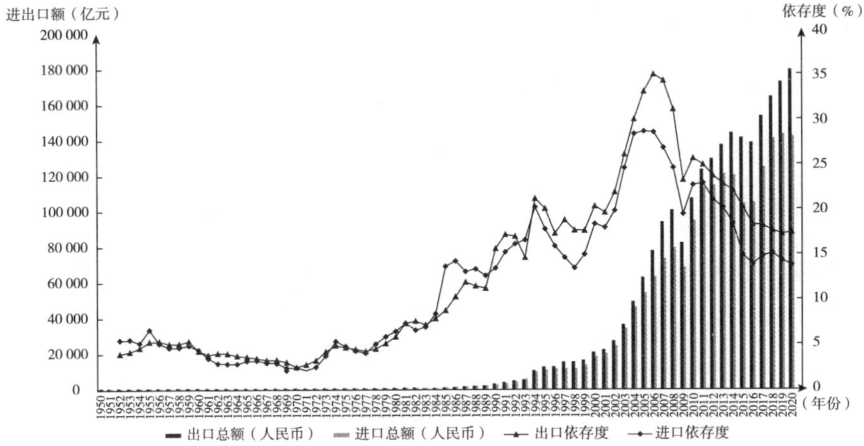

图 1.1　1950—2020 年中国进出口额及贸易依存度

从经济学意义上分析，国内大循环是以满足国内需求为出发点和落脚点，以国内分工体系和市场体系为载体，以国际分工和国际市场为补充和支持，以国民经济循环顺畅、国内分工不断深化、国家技术水平不断进步为内生动力的经济循环体系；

国际大循环是以国际分工和国际市场为基础，以国际产业链和价值链为依托，以国际贸易、国际投资和国际金融为主要表现形式，各经济体基于比较优势相互竞争、相互依存的经济循环体系。美国、英国、德国、日本等国的经济史表明，在市场经济体系下，任何经济大国的成长都需经历由弱到强、由“以外促内”转向“以内促外”的必然调整。大国经济崛起最为关键的标志就是构建安全、可控、富有弹性和韧性、以内为主、控制世界经济关键环节的经济体系。

随着我国正式进入建设以国内大循环为主体、国内国际双循环相互促进的新发展格局，未来国内循环、国际循环的关系将进入新阶段。新发展格局以国内大循环为主体，并不意味着不重视对外开放，也不意味着要挤压或放弃国际大循环，而是在更高水平地融入国际经济循环体系的同时，从我国国情出发，遵循大国经济发展规律，以畅通国民经济循环为主构建新发展格局，以国内分工和技术创新的发展来推动国际分工和国际技术创新的发展。[24]

加快构建以国内大循环为主体、国内国际双循环相互促进的新发展格局，是统领“十四五”规划时期的新战略举措。以国内大循环为主体不是简单的出口转内销，而是立足强大的国内市场和消费转型升级，以国内完整分工体系为依托，以生产、分配、流通、消费等多环节全面顺畅为核心要点，通过创新驱动和供给侧结构性改革，打通国民经济循环中的堵点和断点，使我国经济能够实现静态和动态的资源配置，同时能够构建“以内促外”的新竞争力。因此，我们不能把以国内大循环为主体、国内国际双循环相互促进的新发展格局与以往的实践和发展理念对立起来，而是要坚持扩大内需这个战略基点，加快培育完整内需体系，把实施扩大内需战略同深化供给侧结构性改革有机结合起来，以创新驱动、高质量供给引领和创造新需求。[25]

新发展格局不是对过去发展战略的否定，而是在新发展阶段对既有发展战略的提升和深化。改革开放以来，我国经济的快速发展、综合国力的大幅提升为构建新发展格局奠定了坚实的供给基础、需求基础、制度基础、实践基础、理论基础，提供了战略窗口期。新发展格局是党和政府顺应经济发展规律，着眼于发挥我国具有全球最完整且规模最大的工业体系、强大的生产能力、完善的配套能力、超大规模的内需市场、巨大的投资需求潜力等发展优势，根据我国发展阶段、环境、条件变化提出的，是对既有发展战略的提升和深化。换言之，新发展格局是高质量发展在新发展阶段的具体体现，构建新发展格局依然要坚持稳中求进的工作总基调，坚持新发展理念，坚持以供给侧结构性改革为主线，坚定实施创新驱动发展战略、乡村振兴战略、区域协调发展战略等一系列重大国家战略。同时，在新发展阶段实现更高质量发展，也需要根据内外部环境的变化，围绕构建新发展格局进行新一轮的顶层设计和总体规划。因此，新发展格局具有继承与创新辩证统一的内涵和特征。[26]

加快构建双循环新发展格局是短期应对与中长期发展的有机结合。在当前全球风险因素增多、中美不确定性加大的背景下，双循环战略更加侧重以内循环为主，加强国内经济一体化建设，增强抵御外部不确定性所带来的风险的能力，是短期应对与中长期发展的有机结合。从短期应对的角度来看，以内循环为主体的双循环发展格局的提出是中美博弈及逆全球化思潮的应对之策。随着世界经济低迷、国际贸易萎缩、疫情反复冲击全球产业链，叠加美国大选，中美博弈正螺旋式地向顶部攀升。2020 年以来，美国除了在疫情方面向中国不断“甩锅”，还纠集盟国加大对中国的“脱钩”力度，中国经济运行的地缘政治风险进一步加剧。因此，在外部不确定性增加的背景下，以内循环为主体的双循环发展格局是对当前复杂多变的国际经济形势的战略应对。从中长期发展的角度来看，“以内循环为主体”是我国经济实现高质量发展的必然选择。当前中国经济已经从高速增长转向高质量增长，正处在转变经济发展方式、优化经济结构、转换增长动力的攻关期，面临着结构性、体制性、周期性问题相互交织带来的困难和挑战。当前在中美博弈的背景下，以内循环为主体的双循环战略是我国经济结构加快调整的一个契机，也是我国经济实现高质量发展的必然选择。以内循环为主体并不是“闭关锁国”，而是构建“以内促外”的新竞争力。无论是从经济学的国际分工理论出发，还是从实践来看，全球范围内分工合作仍然是当今世界经济发展的客观规律。因此，在当前逆全球化思潮加剧的背景下，我国依然要保持信心，继续深化改革开放，积极参与国际分工合作。

百年未有之大变局背景下我国发展战略的再定位

“双循环”战略是主导未来一段时期发展的基础战略，我们必须将其上升到指导实践和开创政治经济学新格局的层面上。首先，我们要在思想上达成共识，明确双循环的新格局、战略实施的逻辑路径。实现国内大循环，要与高质量发展、供给侧结构性改革对接，要以供给侧结构性改革为主，保留扩大内需的战略基点。供给侧结构性改革依然是我国实现双循环的战略性举措。其次，我们要根据目前外部环境的变化和内部发展阶段的变化所凸显出来的风险问题、节点问题，进行一些系统性梳理，提出针对性举措。当前突出的重点问题就是要在短期内落实“六保”政策，使国内市场的生产、分配、流通、消费的基本盘和国内产业链、供应链基本盘得到稳定，而不至于出现一些断点、堵点，甚至崩溃的情况。

因此，接下来我国的发展战略应该深刻把握构建双循环新发展格局带来的战略转换效应。2021 年是“十四五”规划实施的第一年，迈向“以国内大循环为主体、国内国际双循环相互促进的新发展格局”决定了战略转型和战略替换是 2021 年经济运行的核心主题。发展战略再定位带来的科技创新自立自强的布局、产业链与供应链的安全性布局、国内大循环的畅通与短板的补足、扩大内需战略层面的启动等举措不仅将引发 2021 年经济主体预期的改变，同时也将替代非常规刺激政策成为需求扩张的基础力量。[27]

深化改革，畅通国内大循环

按照构建新发展格局的内在要求，我们要做强国内市场，贯通生产、分配、流通、消费各环节，打破行业垄断和地方保护，形成国民经济良性循环；优化供给结构，改善供给质量，提升供给体系对国内需求的适配性；推动金融、房地产同实体经济均衡发展，实现上下游、产供销有效衔接，促进农业、制造业、服务业、能源资源等产业门类关系协调；破除妨碍生产要素市场化配置和商品服务流通的体制机制障碍，降低全社会交易成本；完善扩大内需的政策支撑体系，形成需求牵引供给、供给创造需求的更高水平的动态平衡。

近年来，随着供给侧结构性改革取得成效，制度红利开始加速上扬，资源配置效率和全要素生产率企稳回升，但是新一轮的改革红利还没有完全释放，尚未承担起拉动中国经济常态化增长的重任。因此，在经济复苏全面完成后，我们必须以构建高标准市场经济体系为目标，加快推出新一轮改革开放，重新激发市场主体活力，巩固全要素生产率企稳回升成果。特别是细化和落实 2020 年上半年已出台的《关于构建更加完善的要素市场化配置体制机制的意见》《关于新时代加快完善社会主义市场经济体制的意见》两个纲领性改革文件的具体实施方案，开启新一轮以推动形成国内市场大循环为导向的供给侧结构性改革，解决我国面临的深层次结构性与体制性问题，持续释放制度红利，巩固疫前中国全要素生产率企稳回升的成果。

推动实施国家科技发展战略

推动实施国家科技发展战略，有利于在关键技术、核心技术方面进行布局和取得重要突破，有利于创新驱动战略取得更大成功。“十三五”规划期间，我国在这方面已经进行了大量布局，包括相关的基础性研究，产教融合、科教融合课题，以及举国体系下的科技攻关项目。“十四五”规划期间，以大市场孕育的市场化创新项目和以举国体制为主的基础研发和重点研发，“两条腿”相结合，在关键技术、关键环节可能会有重大突破，这也是我国从科技大国向科技强国迈进的必经之路。同时，我国在数字经济领域也将大踏步地前进。疫情是我国数字经济全面发展的催化剂，同时全球贸易环境也是我国数字经济实践和发展的重要催化剂。在两大催化剂的作用下，结合我国自身经济战略布局的特点，“十四五”规划期间，数字经济发展必定会走上一个新的台阶。

战略转换带来的科技创新自立自强的布局、产业链与供应链的安全性布局是2021年需求扩张的基础力量。“十三五”规划以来，我国创新驱动发展战略深入推进，创新正在成为引领发展的第一动力。统计数据显示，2019年我国科技进步贡献率达59.5%，在WIPO（世界知识产权组织）发布的2020年全球创新指数中，我国居世界第十四位，创新型国家建设取得新进展。[28] 2020年疫情以来，我国高科技产业增加值和投资双双保持高速增长。在新一轮科技革命和数字化生产兴起的背景下，突破关键领域科技发展瓶颈，成为畅通国内大循环的重大考验。在构建新发展格局战略引领下，中国将加快布局解决我国科技领域面临的瓶颈问题，以及关键产业发展需要的高端设备、重点零部件和元器件进口依赖问题。

疫情阻击战和经济复苏保卫战显示了中国制度优势和经济体系与产业链的弹性与韧性，也为我国战略深化和战略转型提供了战略契机。疫情冲击下的中国新兴产业、高技术产业逆势增长，在稳健复苏的基础上，开始谋求重点产业链和战略新兴产业中的“卡脖子”关键核心技术创新，培育关键核心技术创新能力，由此带来新技术、新产业发展的新机会。

加快培育新增长极

在区域协调发展、新型城镇化和畅通国内大循环的新发展格局下，未来我国可能会出现一批新的增长极，特别是中西部地区的增长极可能会全面凸显。比如成都、重庆、郑州、武汉、西安，这些地方既有市场扩展的深度，又有创新的能力，同时还有全国产业梯度转移的创新驱动政策的支持，可能会迎来新的发展契机。在此基础上，以都市圈、城市群为主体的经济版图，可能会出现一些新的变化。为此，我们需要完成新战略与一些传统战略的转换对接，包括关键技术布局与新基建调整、安全性再布局与结构性调整之间的契合。

优化“两新一重”基建布局

作为积极财政政策的重要抓手，地方债尤其是专项债已逐步成为稳定经济增长的着力点之一。在抗疫情、稳增长的背景下，2020 年专项债募投领域已经发生显著变化，投向更为精准，资金更多投向基建领域，尤其是传统基建及民生领域，并根据“六稳”“六保”的政策需求不断创新募投品种。面对疫情，专项债募投适应性地延伸到应急医疗领域，进一步解决疫情防控需求，同时拓宽了新基建、老旧小区改造、冷链物流等领域，更全面地发挥补“内循环”短板、稳经济增长的作用。根据对新增专项债募投项目的梳理，专项债资金投向“两新一重”领域的合计占比接近四成，其中交通领域占新增专项债的 26%，

33% 用于铁路相关建设，更加注重传统基建对经济的支撑作用。“两新”领域占比提升明显，但新基建领域占比仍较低，仅为 8.5%，且基本以城际高速铁路和轨道交通为主，信息基础设施类相对较少，多数信息产业园项目属于园区市政建设内容。新型城镇化建设以城市更新、城乡建设为抓手加快推进（占新增专项债的比例已升至 15.3%），新增“城镇老旧小区改造”专项债品种，城市更新相关项目储备逐步充足，且城乡建设中的专项债投入规模较此前年份有明显上升，后续占比有望进一步攀升。另有约 16% 的专项债投向民生领域，超五成用于医疗。同时，结合目前我国在公共卫生防疫体系、应急救治领域仍待进一步完善的情况，例如传染病筛查速度及准确度有待提升、应急物资储备匮乏、医疗资源调运机制不够完善等，地方债投向也根据疫情需求增加了应急医疗救治领域，更具针对性地弥补医疗领域里的应急体系短板。此外，基于我国冷链物流基础设施不完善、流通率和运输率相对较低、区域资源不均衡的情况，地方债范围进一步拓宽，为冷链物流这一“短板”领域提供了有效的政府资金保障，虽目前整体比例较低，但具有较大的发展空间，尤其是在资源相对丰富的中西部地区。

因地制宜补短板促循环

推进“内循环”需结合区域特点及发展短板因地制宜推进。从专项债募投项目来看，目前西部地区更多地向交通领域倾斜，中部地区持续加快疫情冲击后医疗体系的完善，东北地区在持续做好市政及棚改建设的同时加快城市更新，东部地区优先推进以城镇旧改为抓手的新型城镇化建设。具体来看，东部省份投向市政产业园基础设施、交通基础设施建设规模相近，占比均为 28% 左右；次之为民生服务、生态环保，募投占比均超 10%。值得注意的是，旧改项目中近六成为东部省份项目。由于东部省份在快速的城市更新中消化了大部分棚户区，且乡村发展相对领先，专项债或更多投向城镇老旧小区改造，优先推进新型城镇化建设。中部地区投向市政产业园基础设施建设的占比相对较高，接近四成，约 17% 投向民生服务，并以医疗卫生为主，占比高于其他区域，或与疫情冲击较大、抗疫情背景下的医疗资源需求相对较高有关。西部地区经济发展相对落后，地方债投向首先需考虑稳增长需求，更多地向交通基建领域倾斜。西部省份募投规模平均占比为 31%，云南、甘肃等省规模居前；次之为市政和产业园区基础设施建设，募投规模平均占比为 30%；同时，考虑到医疗资源分布不均衡等问题，另有 17% 资金投向民生服务，宁夏、云南等省份用于医疗卫生的占比超七成，进一步弥补了西部地区医疗水平落后、民生保障不足的发展短板。东北地区募投规模整体较少，超四成用于市政产业园区基础设施建设，24% 用于交通基础设施建设。此外，东北地区用于棚改项目的占比高于其他区域，或表明东北地区棚改存量仍较大，建设进度仍较慢，需加快推进城市更新促循环。[29]

基层项目领域行政层级下沉

疫情冲击持续暴露出我国基层建设短板，为更好地促循环，政府债券资金的投向需从基层抓起，万亿元抗疫特别国债、县城新型城镇化企业专项债等均体现出政策对保基层运转、保基层民生的侧重。2020 年以来，专项债项目行政层级已逐渐趋于下沉，超九成用于市县级项目，省级项目数量占比不足 4%。具体来看，区县级专项债项目数量接近 12 000 个，规模为 1.37 万亿元，占新增专项债规模的 50.3%；次之为地市级项目，募投项目数量为 4 760 个，募投规模超过 1 万亿元，占比为 40.2%；剩余为省级项目，募投规模不足新增专项债的 10%。在政策加强“两新一重”的建设背景下，省级项目多投向交通基础设施领域，而市县级项目更加注重城市更新、基层民生保障等抓牢“内循环”发展薄弱点。分类来看，省级项目主要投向交通基础设施领域，占比近八成，明显高于市县级项目投向交通基础设施的比例，以大型城际高速铁路和城际轨道交通项目为主；次之为民生服务，占比接近10%，多集中于西部及东北地区，仍处于从省级层面大力提升民生保障力度的阶段；基本无信息网络建设及旧改类项目，项目实施多在市县。地市级项目中用于交通基础设施建设的超过三成，且交通领域项目中五成为地市级项目，多与城市交通（例如轨道交通、公交）等项目建设相关；次之为市政和产业园区基础设施建设领域，占比接近三成；此外，城乡建设类项目中近六成为地市级项目，城乡一体化建设多以地市为单位统筹推进。对区县级项目而言，募投范围广，且大多数领域中区县级项目规模占比明显高于其他行政层级项目。由于区县发展水平及民生保障体系相对落后，对城市建设、民生服务等相关建设需求较大，区县级项目中四成投向市政和产业园区基础设施，18%投向民生服务，同时近八成旧改类项目为区县级项目。此外，在农林水利、生态环保、信息网络建设、文旅等领域项目中，区县级项目规模占比均超60%，也在一定程度上反映了目前我国区县级行政区在较多基建领域仍有相对较大的建设发展需求。

“城市更新”助力内循环

党的十九届五中全会提出，实施城市更新行动，推进城市生态修复、功能完善工程，统筹城市规划、建设、管理，合理确定城市规模、人口密度、空间结构，促进大中小城市和小城镇协调发展。城市更新的意义在于，通过更新改造拓展存量空间，促进产业升级，完善城市功能，推动社会公平，最终实现生产、生活、生态的高度融合。城市更新因其自身内嵌的经济、社会、环境目标，与内循环核心要素高度契合，成为我国新经济模式下重塑城市产业结构、改善人居环境、提升消费水平、推动城市向内涵式发展转型的重要路径。

在打造以国内大循环为主的经济发展模式下，城市更新将有效发挥四大作用。第一，盘活低效空间，推动产业升级。我国过去的城市空间结构是针对和适应传统产业结构而形成的，未来新产业发展需要通过城市更新来提供新的空间。城市转型发展理论认为，城市更新会促进高附加值的现代服务业和高新技术产业向城市中心区集聚，同时低附加值的制造业外迁，从而优化城市产业空间布局，在城市内部形成新的产业增长热点。

在具体的实践过程中，城市更新通过“工改工”“工改商”“商改商”，实现土地同用途基础上利用效益的提升或用途转变后产业形态的升级。更新实施后更加精准的定位、招商，一方面能够使区域内工业实现转型升级；另一方面，配套的服务型企业占比进一步提升，也能够进一步实现人才聚集。

第二，改善人居环境，惠民生扩内需。2020年国务院办公厅印发《关于全面推进城镇老旧小区改造工作的指导意见》，提出城镇老旧小区改造是重大民生工程和发展工程，对满足人民群众美好生活需要、推动惠民生扩内需、推进城市更新和开发建设方式转型、促进经济高质量发展具有十分重要的意义。城镇老旧小区改造立足民意，采取的系统性改造与综合整治都有助于提升住宅小区的居住空间价值和生活服务价值，对改善人居空间环境起到重要的作用。老旧小区改造在改善人居环境的同时，还将起到扩内需的作用。据统计，截至2019年，全国共有老旧小区近16万个，涉及居民超过4 200万户，建筑面积约为40亿平方米，投资总额可达4万亿元，如改造期为5年，每年可新增投资约8 000亿元以上。具体来看，城镇老旧小区综合改造一方面能够通过补齐幼儿园、小超市、停车场等短缺的服务设施来扩大居民消费，另一方面也能开拓银发消费、幼儿消费、绿色发展和节能减排等新消费模式；另外，城镇老旧小区综合改造对金融、能源、材料、工程、生活用品等相关产业链的拉动见效较快。

第三，激发商业活力，释放消费潜力。旧商业区或存量运营不善的商业业态，通过更新改造能够有效实现运营效能的提升、消费规模的扩容。以步行街更新改造为例，从2018年年底起，商务部在全国11座城市开展了首批步行街改造提升试点工作，2019年，11条步行街总客流量和营业额同比分别增长22.6%和17%。城市更新通过对传统商业的改造，提供丰富的时尚商业形态，满足人们从纯物质消费向精神消费、绿色消费、文化消费、健康消费等转变的需求。

第四，开发人文资源，优化城市功能。城市更新将有助于挖掘和弘扬城市的历史文化，加强生态资源保护，为居民构建丰富、自然、和谐的生产与生活空间，建设人文绿色生态城市。除了自然资源的修复和保护，城市更新在文化资源保护和挖掘方面也具有重要作用。特别是针对旧历史街区的更新改造，系统运营将使景区成为消费热点区域，产生消费效应，进一步促进内需的释放。

坚持扩大内需战略

在双循环新发展格局下，以扩大内需为战略基点，意味着新方案不能够简单地等同于凯恩斯的“总需求管理政策”，而必须真正从扩大内需战略的层面展开，需要中长期的改革方案、中期的战略调整方案和短期的政策方案相配合，这就要求我国从制度层面、机制层面和政策层面来进行多维调整。扩大内需战略将向消费促进倾斜，向收入分配改革领域延伸，改善中期预期和市场信心，完成与疫情救助政策的对接。特别是在完成了脱贫攻坚目标和解决相对贫困时期的主要矛盾之后，扩大内需战略将重点推出中产阶层倍增计划，从数量倍增和收入倍增两个维度来展开。

第二章

“双循环”战略的内涵

第一节　国内大循环的内涵

内循环的经济基础

国内大循环是以满足国内需求为出发点和落脚点，以国内分工体系为载体，以国内生产、消费、分配、流通等的畅通、新动能的不断提升为内生运行动力，以国际大循环为补充和支持的一个经济循环体系。[1] 我国在这一时期做出双循环新发展格局的战略深化和战略再定位，是我国步入高质量发展阶段、解决新时期各种中长期问题的重要战略举措。新发展格局理论不仅具有历史逻辑和理论逻辑，更具有坚实的实践基础。中国经济过去多年的快速发展已经为全面建立以国内大循环为主体的格局奠定了供给基础、需求基础和制度基础，同时，新冠肺炎疫情及全球经济格局的加速变革，为全面启动新发展格局提供了前所未有的机遇。

在供给层面，中国拥有 41 个工业大类、207 个工业中类、

666个工业小类，建立了全世界最为齐全、规模最大的工业体系，是全世界唯一拥有联合国产业分类中全部工业门类的国家。我国产业相互配套，规模效应、范围效应以及学习效应开始在产业体系中全面展现，产业链即使在封闭体系下也具有较好的自我循环能力。

与此同时，“中国制造”开始向“中国智造”和“中国创新”转变，我国各经济主体开始拥有基本的创新能力和创新动力，政府主导下的基础研究和技术赶超体系、庞大市场诱导下的商业创新体系为中国创新注入了自我创新的内生动力，各类专利申请量已经位居世界前列。2020年12月7日，WIPO发布《世界知识产权指标2019年度报告》。报告指出，2019年中国国家知识产权局受理的专利申请数量达到140万件，排名全球第一，这一数字是排名第二的美国主管部门收到的专利申请量的两倍以上（见图2.1）。同时，2019年中国超过美国成为国际专利申请量最大的国家（见图2.2），在2019年PCT（专利合作条约）申请数量前十的企业里，中国企业占了4个席位（见图2.3和图2.4）。[2]

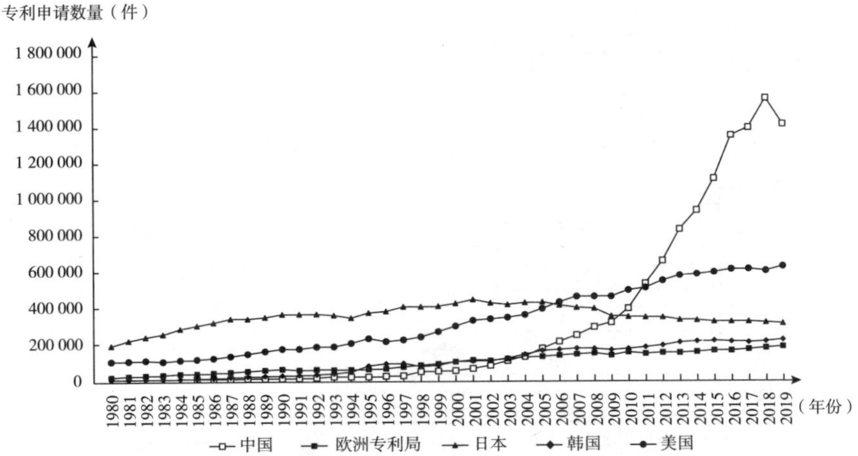

图 2.1　1980—2019 年世界前五名专利局的专利申请数量

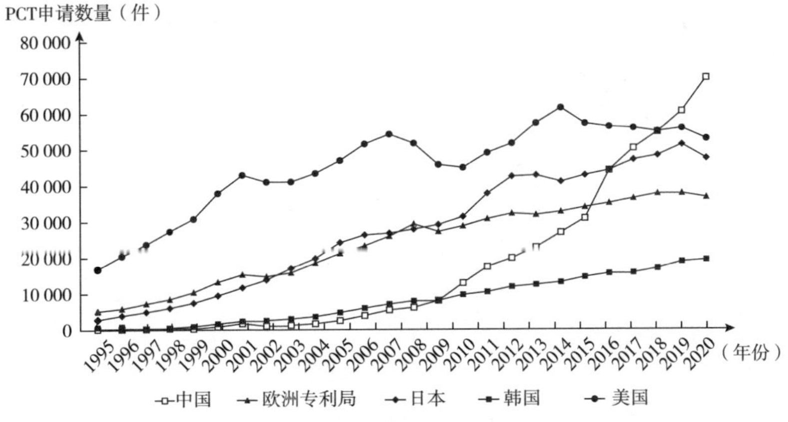

图 2.2　1995—2020 年世界前五名专利局的 PCT 申请数量

数据说明：PCT 为 Patent Cooperation Treaty（专利合作协定）的缩写，是 WIPO 管理的一项国际条约，允许申请人通过提交一个 PCT 国际申请同时在许多国家中为一项发明寻求专利保护。

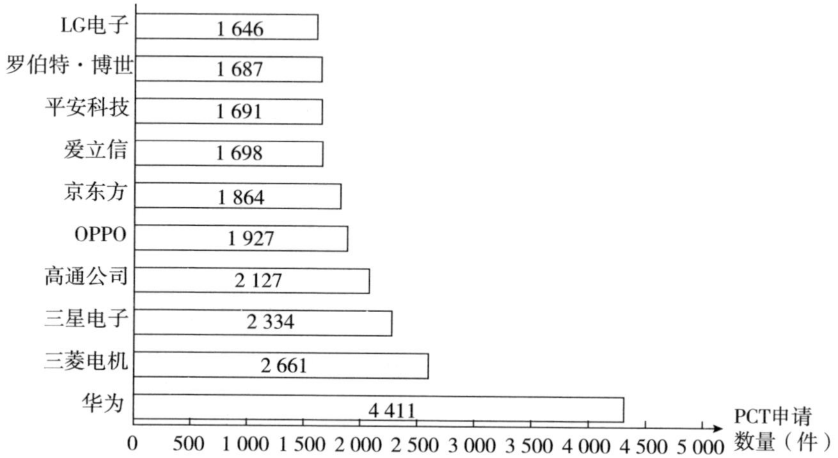

图 2.3　2019 年 PCT 申请数量前十的企业

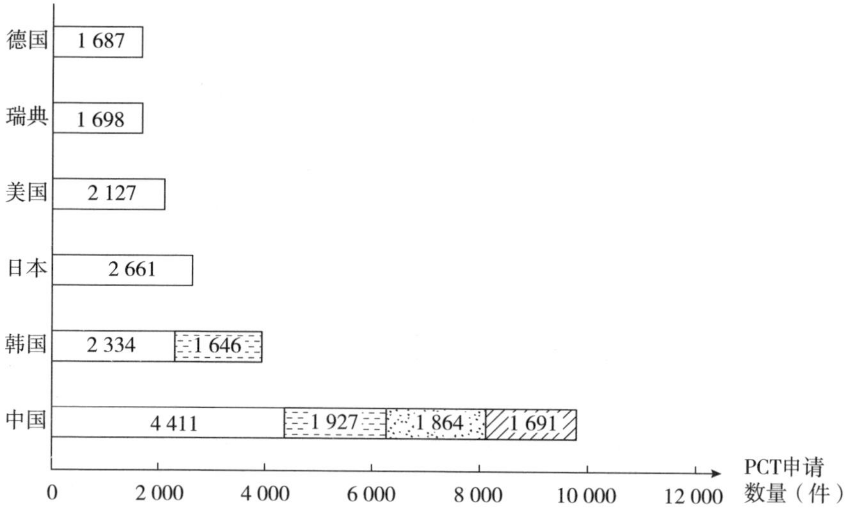

图 2.4　2019 年 PCT 申请数量前十的国家

注：图中数据源于图 2.3。

在需求层面上，中国拥有超大规模市场，不仅具有世界最大的人口规模，更为重要的是具有全球规模最大的中等收入人群，其消费品零售总额和进出口总额都居世界前两位，并具有快速增长的潜力（见图 2.5）。我国外需和内需关系已经进行重大的调整，消费对经济增长的拉动作用不断增强。自 2001 年我国加入 WTO 以来，最终消费支出对我国国内生产总值增长贡献率一度低至 36.1%，此后逐渐回升，到 2019 年对我国经济增长的贡献率占比达到 57.8%（见图 2.6）。消费已经成为拉动我国经济增长的主要动力，同时也是我国经济转型升级的引擎。

在制度和机制层面，中国特色社会主义市场经济改革不断深化，市场在配置资源中起到了决定性作用。统一的全国大市场也在各类基础性改革、供给侧结构性改革和营商环境改善等举措的作用下开始出现，国民经济在生产、分配、流通和消费等环节基本实现了畅通。过度依赖国际经济大循环来推动国内经济市场大循环已经不再适用，相对稳定、相对独立、富有效率、良性互动的国内经济大循环已经成为中国经济的基本盘。

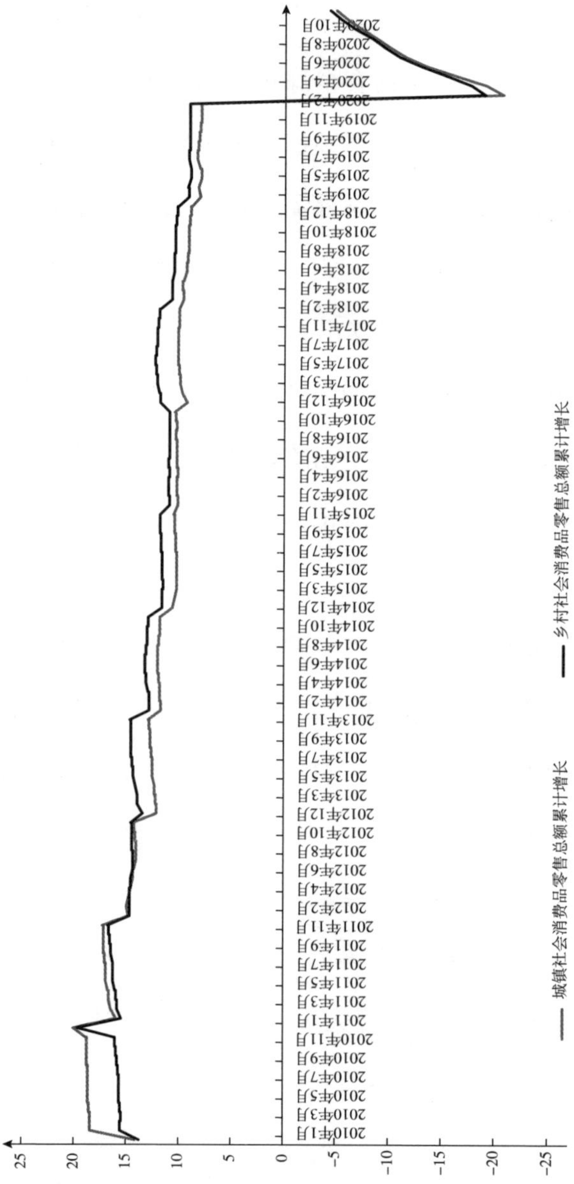

图 2.5 2010—2020 年中国社会消费品零售总额累计增长率

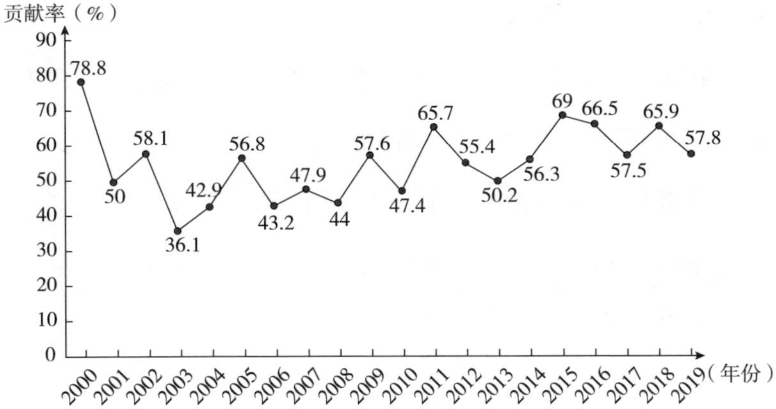

图 2.6　2000—2019 年最终消费支出对我国国内生产总值增长贡献率

数据来源：国家统计局。

党中央在疫情阻击战和经济复苏保卫战取得阶段性胜利之际，提出“加快形成以国内大循环为主体、国内国际双循环相互促进的新发展格局”，充分把握了化危为机、于乱局开新局、顺势而为的战略时点。在这个特殊时点推出这个战略，不仅有利于形成转向“国内大循环”的战略共识，更为重要的是，疫情是一场超级演习，我国可以利用在全球疫情冲击下经济率先复苏的优势，快速复工复产，合理布局国内经济大循环，大大节省战略转换成本。在世界经济出现大面积停摆的情况下，在我国疫情阻击战取得阶段胜利之后，我国经济迅速自我复苏，这充分说明我国具备实现以国内经济为主的、供求自我循环的产业基础和市场基础。[3]

由此可见，以国内大循环为主体对我国经济主要有两方面意义：一方面，它有助于解决目前国际大循环动力不足、外需下降、外部环境风险急剧上扬的问题；另一方面，它还有助于解决我国内生动力的问题，把握我国发展的主要矛盾所呈现出来的新特点。

从社会总生产循环理论把握内循环的内涵

运用生产力与生产关系等基本政治经济学原理，我们可以梳理国内大循环的基本命题和核心内容。一方面要坚持以生产力为判断战略调整的核心标准，另一方面要做出适应生产力发展的生产关系调整。中国发展战略究竟是“以国际经济大循环为依托，以外促内”，还是“以国内经济大循环为主，以内促外”，必须根据我国分工体系和技术发展的阶段和需要来判断，必须以是否有利于生产力进步、综合国力提升和国民福利改进为标准。

当前提出新发展格局，其重要原因在于，在国际大循环动能减弱、民族主义和孤立主义兴起的大变革时代，“两头在外”的外向型战略不仅难以快速提升我国的生产力、综合国力和人民生活水平，还会成为经济快速发展的新制约因素。生产力的快速发展不仅体现为技术进步，还体现为分工体系的拓展和深化。因此，适应生产力发展的生产关系调整不仅体现在新型创新体系的构建上，还体现在大循环畅通下的分工体系中各种生产组织体系的创新和发展上。[4]

国内大循环的核心在于大循环的形成。国民经济是一个复杂系统，多个环节环环相扣。国民经济良性循环要求各环节运行畅通，减少交易成本和市场壁垒，避免结构性矛盾和体制缺陷导致经济循环的不畅通。我们可以用马克思主义社会总生产循环理论来把握国内经济大循环和国际经济大循环的内涵和边界。从生产、分配、流通、消费四个环节来看，国内大循环是指各个环节在国内完成，即生产和消费的连接与匹配主要在国内，并在此基础上形成稳定的产业结构和经济结构。

生产环节

从生产环节来看，国内大循环通过持续深化改革，优化产业结构，提高自主创新能力，从而进一步提升产品质量，克服经济循环中的结构问题。

过去，在我国仍面临生产不足的问题时，社会生产以数量扩张为主，不太重视增长的质量，对产业结构缺乏规划。随着生产力的发展，国内一些产业出现产能过剩的问题，产品自身无法消耗且难以依靠出口实现价值，生产环节的节点出现断裂。因此，畅通经济循环中的生产环节根本在于提升供给体系对国内需求的适配性，打通供给、需求两端的畅通循环。长期以来，我国的出口导向型战略实现了经济的高速增长，外向型经济发展模式使本国的工业生产面向世界市场，导致国内很多产业严重依赖外需。本国的供给服务于全球的需求，带来国内供需结构错配，内需得不到满足。

我国有超大规模市场优势，中等收入群体超过 4 亿，需求层次具有多样性。随着多元化、多层次的消费新增长点不断涌现，消费驱动增长的新格局正在形成。但目前我国供给结构仍未能适应需求结构的变化，国内产品和服务的种类及质量不能满足目前多层次、多样化的市场需求。

近年来，我国消费升级趋势明显，传统消费提质升级，新兴消费蓬勃兴起，品质消费呈现爆发式增长，品牌消费崛起，从消费环节倒逼企业生产转型。我国采取了一系列政策推动消费并促进服务业发展，在教育、医疗、旅游、养老、休闲等领域催生了巨大的产业发展空间。从 2013 年和 2018 年中国居民消费支出结构比较中可以看出，随着居民收入增长，消费从吃穿向住行全面迈进，养老、教育的支出大幅增长，消费结构不断优化（见图2.7）。但国内供给能力还未能完全适应消费结构转型升级的步伐，使得部分高端消费不足。因此，生产创新转型是畅通生产环节的重要内容，具体手段包括基础创新、商业创新、集成创新。因此，我们要积极制定各种创新战略，积极推动产业从中低端迈向中高端，发挥生产环节在经济循环中的正向促进作用；通过深化供给侧结构性改革，优化存量资源配置，扩大优质增量供给，让新的需求催生新的供给，新的供给创造新的需求，实现更高水平和更高质量的供需动态平衡。

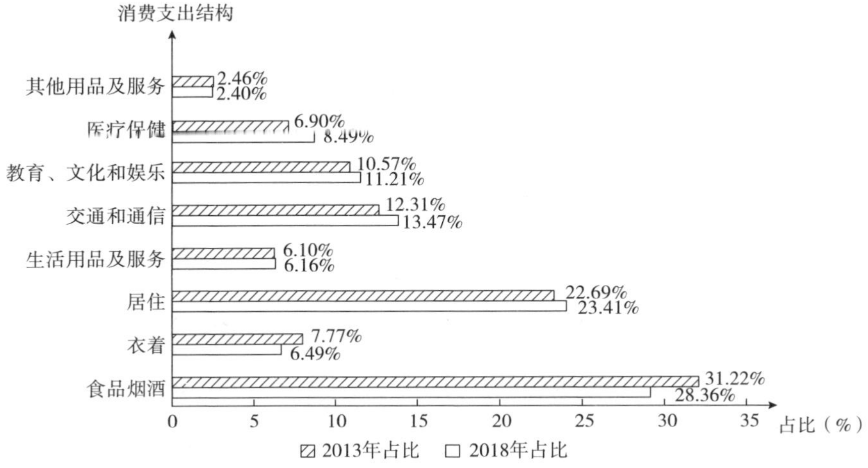

图2.7　2013年和2018年中国居民消费支出结构比较

此外，生产环节中的产业链与供应链的构建是双循环的核心。建设高质量的产业链、供应链，可以更快提升居民收入水平，增强经济竞争力。国内大循环要使供应链、产业链更有弹性，更好地管控全球供应链和产业链波动带来的风险。

第一，提升国内循环产业链、供应链的安全性要发展自主创新能力，突破关键核心技术。实践证明，只有把关键核心技术牢牢掌握在自己手里，才能建立起不受制于人的产业链、供应链，畅通国内大循环。这不仅是成功构建新发展格局、实现高质量发展的关键，而且是建设更高水平开放型经济新体制、形成国际合作和竞争新优势的关键，关乎我国发展全局和经济安全。

目前，国内装备制造业和消费电子业采用的中高端芯片主要依赖进口，2019 年我国芯片的进口金额为 3 040 亿美元，远超排名第二的原油进口额。我国汽车制造中的发动机、变速箱要靠进口，飞机制造中的液压、传动和控制技术等关键零部件也严重依赖于国外，高端医疗器械也被外资企业垄断。核心关键技术缺失使我国制造业迟迟未能突破生产组装和简单扩大再生产的发展模式，这也进一步牵制了我国参与国际标准的制定与执行。

第二，一些短板必须有所突破。一方面，我国品牌效应还未能发挥出来。虽然很多企业已经具备生产优质产品的能力，但是世界市场对我国产品的认知还停留在价格低廉、工艺粗糙的阶段。中高端产品的品牌建设和市场开拓仍然存在明显短板。另一方面，高端人才不足的问题也是我国产业链安全的短板。随着技术进步和产业转型升级的加快，传统产业的变革需要更多高技术人才操作先进设备。但由于培养投入方面仍然不足，大部分企业在高级管理人才、研发设计团队和技术骨干等人才储备方面一直存在明显的缺口。

第三，商品贸易的产业链、价值链要有可控性，不能简单地受制于某一个供应商或者市场。在多元体系下，要开启多元供应链、多元价值链，从而保证国内经济循环的完整性，为产业链提供更好的支撑，使国内经济循环建立在一个更加安全、更富有弹性的国际供给和国际需求的基础之上。

我们要发挥新型举国体制优势，加强科技创新和技术攻关，强化关键环节、关键领域、关键产品保障能力；要对标世界一流，加强前沿探索和前瞻布局，打好关键核心技术攻坚战，提升产业链、供应链现代化水平，打造发展新优势；要强化企业创新主体地位，促进各类创新要素向企业聚集。这是推动创新链和产业链有效衔接、提高国家创新体系整体效能的重要战略举措。

近年来，我国企业创新能力明显提升，一批具有国际竞争力的创新型企业脱颖而出，扩大研发投入攻克核心技术，部分产业在国际市场中的地位不断提高。但总体而言，我国企业创新主体地位还不够突出，导致研发投入不足，科研成果向生产技术转化率较低。

在生产环节，制度体系、生产要素定价体系的缺点，本质上是要素市场化不足的体现。我们要建立高标准市场体系，大力推进要素市场化改革，而建设高标准市场体系是构建高水平社会主义市场经济体制的要求。我们还要健全市场体系基础制度，坚持平等准入、公正监管、开放有序、诚信守法，形成高效规范、公平竞争的国内统一市场。

要素市场化改革有利于提高要素配置效率，提高生产能力，优化生产结构。2020 年 4 月 9 日，《中共中央国务院关于构建更加完善的要素市场化配置体制机制的意见》（以下简称《意见》）发布。《意见》指出，完善要素市场化配置是建设统一开放、竞争有序市场体系的内在要求。我们要充分发挥市场配置资源的决定性作用，畅通要素流动渠道，保障不同市场主体平等获取生产要素，推动要素配置依据市场规则、市场价格、市场竞争实现效益最大化和效率最优化；要更好地发挥政府作用，健全要素市场运行机制，完善政府调节与监管机制，做到“放活”与“管好”有机结合，提升监管和服务能力，引导各类要素协同向先进生产力集聚。

在土地要素方面，我们要注重增强土地管理灵活性，实现土地要素顺畅流通，提高存量土地资源配置效率；在劳动力要素方面，我们要着力畅通劳动力流动渠道，重点是深化城乡户籍制度改革，破除妨碍各类人力资源和人才社会性流动的政策障碍；在资本要素方面，我们要重视发挥好资本要素市场作用，减少企业在资本市场融资的阻碍；在技术要素方面，我们要进一步激发技术供给活力，提升科技成果转化水平。

除了这些传统要素外，数据也是新时期的关键生产要素。《中共中央关于制定国民经济和社会发展第十四个五年规划和二〇三五年远景目标的建议》强调加快数字化发展：“发展数字经济，推进数字产业化和产业数字化，推动数字经济和实体经济深度融合，打造具有国际竞争力的数字产业集群。”发展数字经济是新一轮科技革命和产业变革的大势所趋，我们要加快建立数据资源产权、传输安全保护等基础制度和标准规范，推动数据资源的开发利用。

分配环节

在国民经济循环中，分配环节连接着总产出和总消费，决定个人的消费能力和消费观念，影响供求两者之间的转化。要在分配环节确保国民经济循环的畅通，需要梳理三次分配的体制问题，从而推动需求侧改革。

初次分配应兼顾效率与公平，提高各种要素参与分配的公平性，进一步调动各种要素发展的积极性，提高经济发展活力。我们要坚持以按劳分配为主体、多种分配方式并存的分配制度，提高劳动报酬在初次分配中的比重，完善工资制度，健全工资合理增长机制，着力提高低收入群体收入，扩大中等收入群体。同时中产阶级的收入水平要比现在有所提高，切实推进共同富裕。

长期以来，我国劳动报酬与劳动生产率的提升较为同步，但居民收入在国民收入分配中的比重、劳动报酬在初次分配中的比重均呈下降趋势。从长期来看，我国国民收入初次分配将向企业部门倾斜，居民部门的比重将有所下降。发展中国家的再分配调节能力较弱，尤其是像我国这样的人口大国，如果初次分配差距过大，很难通过再分配来进行调节。因此，我们要充分发挥市场机制在要素配置和价格形成中的基础性作用，推动国内形成统一的、高度流动的要素市场，减少行政垄断和其他非市场行为侵占的超额报酬。在初次分配上拓宽居民增收渠道，提高其工资所得和要素所得，有利于进一步扩大居民收入占 GDP 的比重，尤其是加大居民财产性收入的比重，使得居民充分享受资产增值所带来的红利。居民对不同来源的收入具有不同的消费倾向。现实中，消费者根据收入来源制定消费预算规则，尤其是享受型消费支出。居民财产性收入增长有利于提高边际消费倾向，优化居民消费结构。

我国的再分配调节机制以税收、转移支付、社会保障等为主要手段，对收入进行调节，促进公平分配。我们要加大税收、转移支付、社会保障等调节力度和精准性，合理调节过高收入，取缔非法收入；加强再分配的统筹性，加大医疗保险、养老保险以及其他各种社会福利的全国统筹力度，并在所得税、财产税方面进行全面改革，改变收入所得税对中产阶级的挤压现象。

第三次分配是可持续的社会捐赠机制，有利于提高低收入人群生活水平，是改善收入和财富分配格局的重要方式。建立完善的收入分配制度，提高各要素参与分配的公平性，增加劳动收入份额,可以提高中低收入人群的消费能力,优化消费结构,形成经济良性循环。

收入分配会对居民消费造成直接影响，具体来说，居民收入水平和结构差距对居民消费有负向调节作用。以城乡居民收入差距为例，我国城镇居民收入水平高于农村居民收入水平。从再分配机制来看，城乡二元社会保障体系存在较大差距，这使目前的社会保障机制不但没有缩小，反而扩大了城乡收入差距。城乡收入来源差异也是造成城乡边际消费倾向差异的因素。农村要素流转较为落后，居民财产性收入占总收入比重较低，这使农村居民形成了较低的边际消费倾向。

流通环节

流通是连接国民经济各个组成部分的纽带，决定着经济的运行效率与发展质量。流通环节决定了要素、商品能否自由流通，全国统一大市场能否建成。流通环节是实现产业链上下游、产供销有效衔接的必要条件。

近年来，我国流通体系建设发展迅速，流通产业规模持续扩大。2019 年交通运输、仓储和邮政业增加值为 4.3 万亿元，同比增长 7.1%。快递业务量达 635.2 亿件，同比增长 25.3%。快递业务收入为 7 497.8 亿元，同比增长 24.2%（见图 2.8）。电子商务的快速发展推动了物流配送网络体系的完善，流通网络不断延伸，促使农村流通服务能力不断提高。构建高质量流通体系，降低流通成本，是保障经济循环畅通的必要条件。

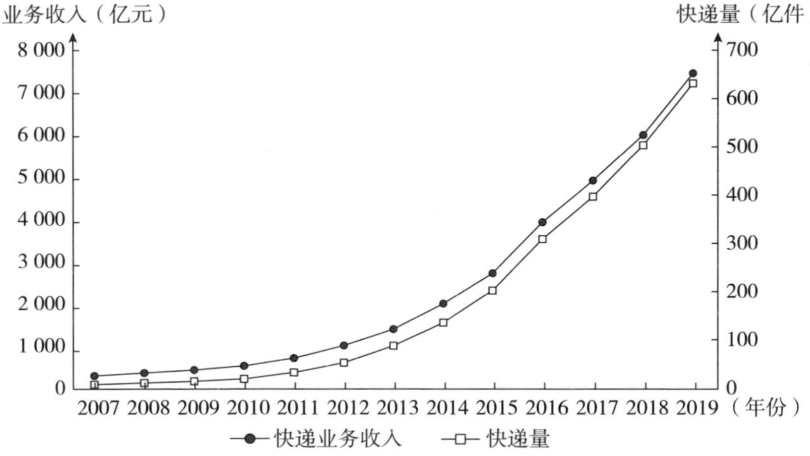

图 2.8　2007—2019 年我国快递业务收入和快递量

目前，物流成本过高仍是制约商品流通的主要因素。我们要提高对流通产业重要性的认识，出台相关政策支持流通产业发展，加大对流通基础设施建设的资金支持。随着信息技术在流通领域的应用不断拓展，流通智能化水平有待进一步提高，以提升流通效率。从产业的生产成本来看，目前我国流通产业集中度较低，经营方式仍较为传统，未形成规模效应，与产供销没有形成紧密的联系。因此，流通产业要加快产业内整合，加大商业模式、经营方式的创新力度，利用信息化降低物流成本，提升流通服务质量，提高流通体系的现代化水平。

在要素流通方面，政策建设更为关键。清除要素流动的体制机制障碍，也是畅通流通环节的重要举措。具体而言，引导劳动力要素合理畅通有序流动，深化户籍制度改革，畅通落户渠道，有利于区域间劳动力资源配置优化，满足各区域生产对劳动要素的需求；完善多层次的资本市场制度，放松或取消不适应发展需要的管制，提升资本市场活跃度，有利于解决中小企业融资难、融资成本高的问题；在技术要素市场，改革产权制度、畅通激励机制、疏通科技成果转化渠道，有利于构建国家技术创新体系，激发技术供给活力；随着信息技术领域的快速发展，数据要素也成为经济发展的重要资源。我们要推进政府数据开放共享，加快推动各地区各部门间数据共享交换，促进数据资源有效流动。

流通环节的畅通要求形成国内统一大市场，分割的市场难以支撑内循环。国内大循环要求清除区域间的产品和要素流动障碍，打破地方保护和行业垄断，降低区域间交易成本，推动区域之间的相互开放，建设国内统一大市场。价格波动是供求变化的信号，价格频繁大幅波动对于生产和消费都是不利的。统一市场使生产者可以接触更多消费者，让消费者能够获得更丰富的选择，有利于各地商品通过自由流动来调节供给，缓解局部的价格波动，减少损耗。

另外，统一市场可以带来更充分的竞争，更大的市场伴随更高的资源配置效率，产品能实现更高的价值。畅通国内大循环，不仅要形成产品统一市场，更重要的是畅通要素流动渠道。《关于构建更加完善的要素市场化配置体制机制的意见》指出，要建设统一开放、竞争有序的市场体系，坚持深化市场化改革、扩大高水平开放，破除阻碍要素自由流动的体制机制障碍，扩大要素市场化配置范围，畅通要素流动渠道，保障不同市场主体平等获取生产要素。

消费环节

在国民经济循环中，消费起着引导性作用，也是构建新发展格局最关键的环节。在生产、分配、流通、消费的社会总生产循环中，消费是经济循环的终点，是生产的最终目的，也是再生产的起点，同时还是生产水平和生产关系的最终检验标准。流通领域的畅通直接影响到消费方式，提升商品和要素流动性在一定程度上可以影响消费结构和消费偏好，但靠流通刺激消费并不能解决根本性问题。居民的消费能力和消费观念才是最终形成消费潜力的决定性因素。

随着全球政治经济环境变化，逆全球化思潮泛起，传统国际循环明显弱化，外部需求的不稳定性可能威胁到国内的生产体系，因此形成强大国内市场是构建新发展格局的重要支撑。国内大循环使国内市场成为最终需求的主要来源，形成需求牵引供给、供给创造需求的更高水平动态平衡。

将国内市场作为最终需求的主要来源，意味着要坚持扩大内需的战略基点，激发国内消费增长潜力，加快培育完整内需体系，激活经济增长的内生动力，巩固和增强我国经济发展的基本盘。新发展格局要求立足于国内需求，重视需求侧改革，把实施扩大内需战略同深化供给侧结构性改革有机结合起来。2020 年 12 月中央经济工作会议强调“要紧紧扭住供给侧结构性改革这条主线，注重需求侧改革”。供给侧结构性改革以“三去一降一补”为主要路径，优化供给结构，改善供给质量，目的是提高供给结构对需求结构的适配性。供给侧结构性改革侧重于产业升级，使供给端主动匹配消费结构的变动；需求侧改革则更加注重合理扩大需求，释放需求端潜力，激活经济增长的内生动力。新发展格局的核心是供给端产业结构转型升级和需求端内需扩大。供给侧结构性改革和需求侧改革双管齐下，有利于推动国内大循环需求牵引供给、供给创造需求的动态平衡，促进循环畅通，实现高质量发展。

在目前产能过剩、外需持续下滑的状况下，矛盾的主要方面开始向需求不足转变。2013 年以来，我国居民人均消费支出占可支配收入的比重呈现明显下降趋势，更反映出内需不足的问题（见图 2.9）。一方面，我国中等收入群体比例仍然较低。虽然我国中等收入群体规模已经由 2010 年的 1 亿多人增加到 2019 年的 4 亿多人，但与多数发达国家过半比例的中等收入群体相比，我国中等收入群体仍有增长潜力。

另一方面，我国老龄化程度加深，可能进一步重构需求结构。按照国际标准，65 岁及以上老年人口占比超过 7% 的地区为老龄化社会，超过 14% 的为中度老龄化社会。国家统计局数据显示，我国 65 岁及以上人口占总人口比例从 2000 年的 6.96% 上升至 2019 年的 12.57%，老年抚养比从 2000 年的 9.9% 上升至 2019 年的 17.8%（见图 2.10）。随着青壮年劳动力供给减少，人口红利消减，劳动人口的抚养压力加大，对潜在消费需求增长造成不良影响。

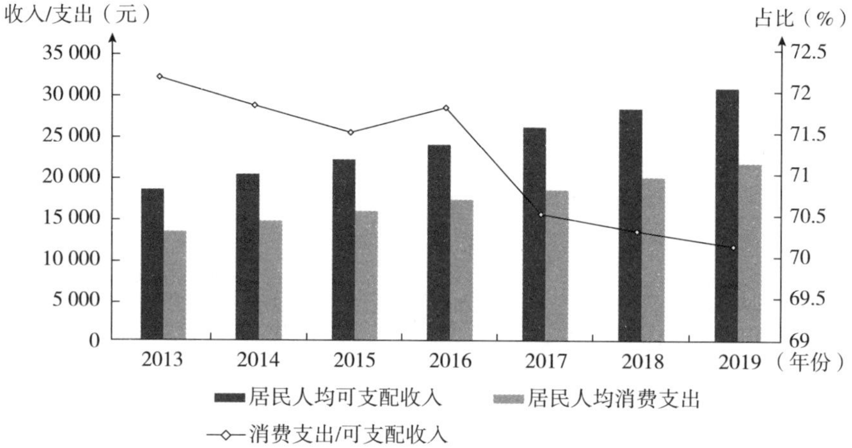

图 2.9　2013—2019 年中国居民人均可支配收入及消费支出情况

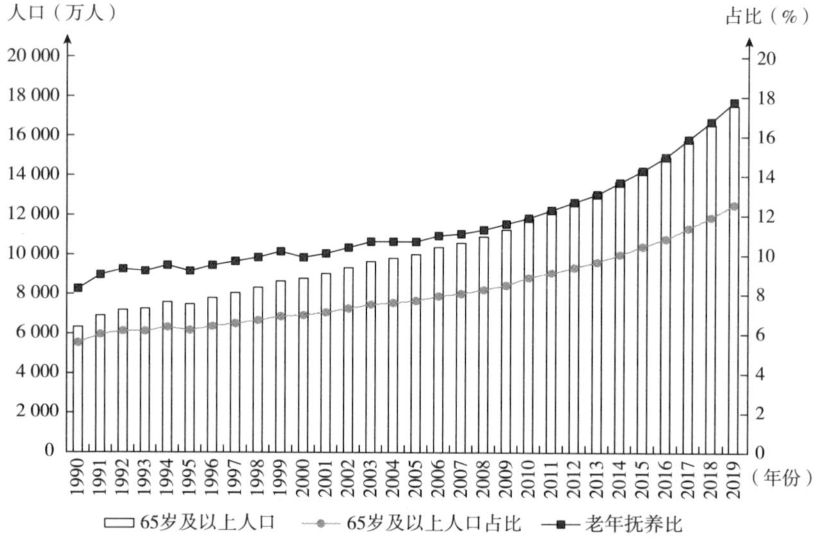

图 2.10　1990—2019 年中国 65 岁及以上人口占比及老年抚养比

因此，一方面，我们要通过改革收入分配、建设福利体系来发掘国内居民的消费潜能；另一方面，我们要通过良好的跨周期资源配置，加大对“两轻一重”以及研发的投资力度，使中国的新动能得到进一步的提升。

扩大内需成了目前经济工作的一个核心，但是内需的扩大并不是简单地通过消费政策实现短期的消费提升。双循环战略是中长期战略，我们必须从一些基本要素、基本制度、基本循环的角度来改善资源配置效率，推动生产力的发展进入一个新阶段。我们要坚持供给侧结构性改革战略方向，扭住扩大内需战略基点，使生产、分配、流通、消费更多依托国内市场，提升供给体系对需求体系的适配性。

消费是最终需求，是培育完整内需体系的基础。保障消费环节的循环畅通，要发掘国内消费市场的潜力，顺应居民消费升级趋势，发挥消费对经济发展的基础性作用，完善促进消费的体制机制，建立健全消费领域信用体系，加强促进居民消费的配套保障。

生产关系的调整不仅体现在生产、分配、流通和消费环节的改革与完善，更体现在基本经济制度的完善和经济治理能力的提升。新发展格局必须通过深化改革来激发新发展活力。

国内大循环对国内市场协调性的要求

国内大循环要求市场内部具有协调性和相容性。发展不平衡不充分的问题是现阶段我国社会主要矛盾的一个方面，今后也将贯穿一定的历史时期。这是由我国处于社会主义初级阶段的基本国情所决定的，也是我国处于新发展阶段的体现。国内大循环需要逐步解决社会主要矛盾。

从区域间市场的建设来看，我国区域经济发展存在不平衡的问题。一方面，国家通过推行西部大开发、长江经济带开发、京津冀协同发展等地区平衡战略来缩小区域经济之间的差距。然而，区域经济不协调实际上是长期以来地理区位、资源分布、政策导向作用的结果，并形成了自我加强的恶性循环。以东西部差距为例，东部地区经济较为发达，西部地区具有较高的资源禀赋，西部地区向东部地区提供自然资源，东部地区为西部地区提供产品，利润流入东部地区。同时，由于东部地区工资较高，西部地区的劳动力也流向东部地区，结果构成东部地区更大的市场需求。西部地区的要素不断流向沿海发达地区，形成单向的流动，不断加剧东西部地区发展不平衡的问题。而西部大开发的重点就是让各要素从沿海发达地区流向西部，形成协调的区域经济循环。建立起全国统一的市场后，在市场机制作用下，西部地区可以凭借资源和劳动力优势积累财富，为经济的发展提供资本存量支持。

另一方面，国家加快推进城乡一体化发展，缩小城乡二元对立，但城乡资源供给不平衡，基础设施建设水平也存在差距。因此，我们要建立健全城乡融合发展的体制机制和政策体系，促进城乡在规划布局、要素配置、产业发展、公共服务、生态保护等方面相互融合和共同发展。

产业间的协调也是构建新发展格局的要求。经济的健康发展需要实体经济和虚拟经济共同维护，实体经济是经济发展的根基，虚拟经济服务于实体经济。虚拟经济落后于实体经济，会降低市场资源配置效率，不利于经济的增长；虚拟经济的发展快于实体经济，将助长投机行为，影响一国金融体系的稳定和经济的健康发展，摊薄实体经济的利润。

过去20年，我国金融市场快速发展，经济发展出现脱实向虚的端倪，虚拟经济与实体经济的错配扭曲了利益分配格局，虚拟经济无法激发实体经济的增长活力，虚拟经济的泡沫甚至可能以经济危机的形式动摇实体经济的根基。因此，重构虚拟经济、实体经济的利益分配格局是构建良性循环的关键之一。

第二节　外部循环的内涵

“国际大循环”构想的提出

1987 年 10 月底，时任国家计委经济研究所副研究员王建向中央提出了《关于国际大循环经济发展战略的构想》，并在同年 12 月 30 日的《光明日报》上解释了国际大循环战略，即“大力发展劳动密集产品的出口，在国际市场换回外汇，为重工业发展取得所需资金与技术，再用重工业发展后所积累的资金回来支援农业，从而通过国际市场的转换机制，沟通农业与重工业的循环关系”。这是对国际大循环理论的首次系统性论述。

“国际大循环”的构想最终促成了“沿海发展战略”的提出。1988 年 2 月 6 日，中共中央政治局会议讨论通过了组织实施我国沿海地区发展战略的决定。3 月 15—19 日，中共中央十三届二中全会召开，讨论实施沿海发展战略的有关问题。

从某种意义上说，“国际大循环”为沿海发展战略提供了理论基础，但二者实质上仍存在一定差距。“国际大循环”是基于我国经济高度强化的二元结构特征，为摆脱我国当时所处发展阶段——工业结构高级化与农村人口工业化对资金争夺的两难处境，而提出的一种学术观点。

我们可以从两个维度来理解大循环：第一个维度是我国经济发展要利用国际市场的转换机制，出口我国具有相对优势的劳动密集型产品，换取外汇后再进口我国稀缺的资金和技术，促进我国工业现代化进程；第二个维度是将我国农村劳动力转移到国际市场，在国际市场获得足够的购买力，继续支持国内剩余劳动力的转化以及国内发展重工业对资金的需求，再用工业发展积累的资金和技术支援农业，形成农业和重工业之间的循环关系。第一个维度与沿海发展战略的要求是相通的，即充分利用我国劳动力资源丰富的优势，注重发展劳动密集型产业，大力发展出口。第二个维度更着重于国内产业间的循环关系，仍处于理论探讨阶段，未上升到战略方针层面。

中华人民共和国成立初期，我国实施了重工业优先的赶超战略。随着第二次世界大战后国际经济关系平等化进程加速，经济全球化趋势越发明显，我国在新环境下也面临是否参与到国际市场分工与竞争中的选择。日本和亚洲“四小龙”的经历为“国际大循环”构想提供了现实经验。

第二次世界大战后，西方发达国家经历了经济恢复时期，从 20 世纪 50 年代中期进入高速增长阶段，积累了巨额资本，分别采取投资、贷款、援助等方式大量输出资本。60 年代，亚洲“四小龙”的经济发展面临资金和技术匮乏的桎梏，它们抓住向西方发达国家输出资本的机会，通过推行出口导向型战略创造了经济奇迹（见图 2.11）。

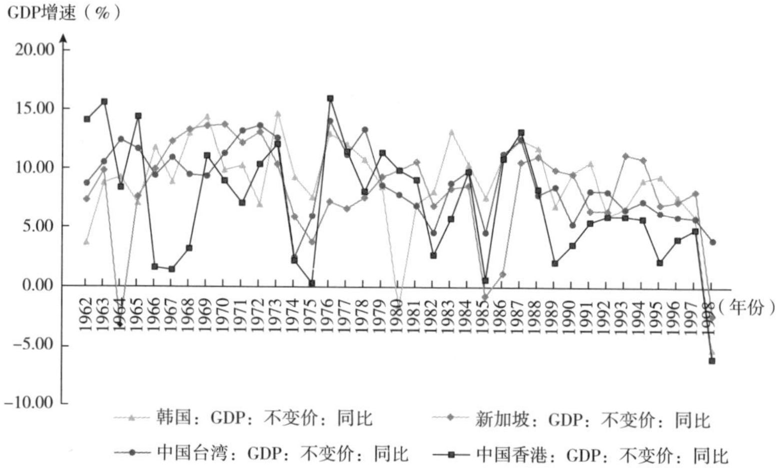

图 2.11　1962—1998 年亚洲“四小龙”GDP 增长情况

“国际大循环”构想的演变

在邓小平南方谈话之后，我国对外开放程度不断提高，迅速融入全球分工体系中，并在 2001 年正式加入了世界贸易组织，沿海经济发展战略获得了巨大成功。中国成为全球制造业的中心，融入全球经济体系之中，并通过出口导向型经济解决了外汇短缺和国民储蓄短缺的问题（见图 2.12 和图 2.13）。

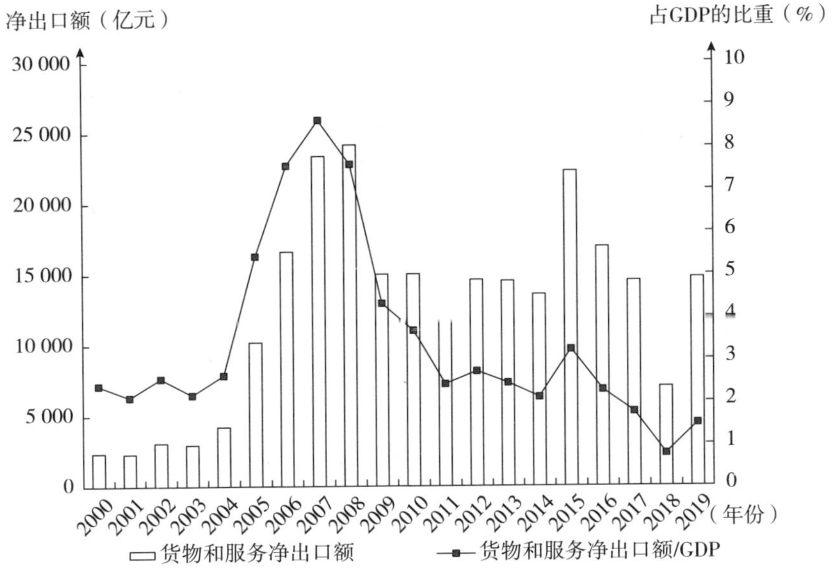

图 2.12　2000—2019 年中国货物和服务净出口额及占比情况

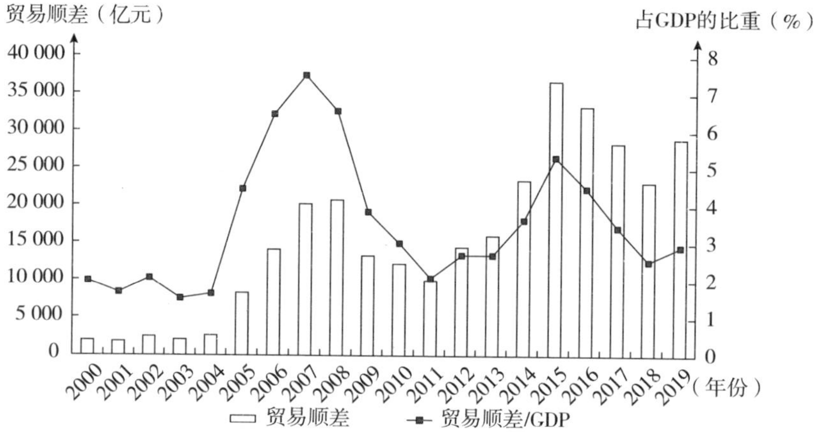

图 2.13　2000—2019 年中国贸易顺差及占比情况

“国际大循环”构想体现了需求和技术两方面对发达国家的依赖。

需求依赖于国外，体现在“两头在外，大进大出”的加工贸易模式上，即原材料来源于国外、产品销往国外的贸易模式。自 1995 年开始，加工贸易取代一般贸易方式成为我国最主要的出口贸易方式，1996 年加工贸易出口突破总出口的 50%，在一段时期内一直保持较高比重。2019 年，我国一般贸易进出口 18.61 万亿元，增长 5.6%，占我国外贸总值的 59%，比 2018 年提升 1.2 个百分点；加工贸易进出口 7.95 万亿元，下降 5.1%，占 25.2%（见图 2.14）。

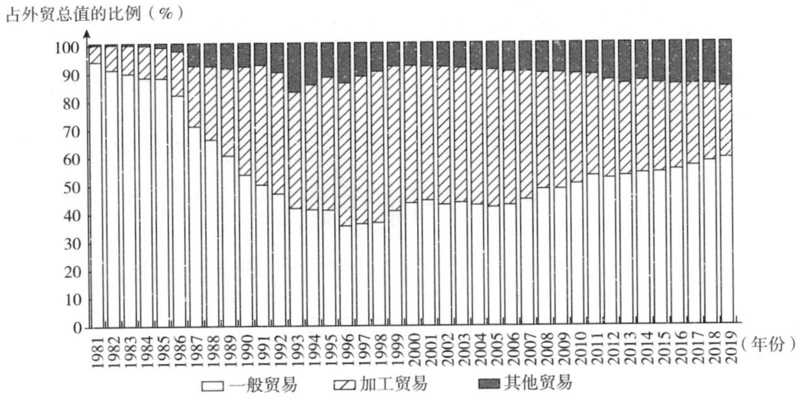

图 2.14　1981—2019 年中国进出口贸易结构

1988 年起外商在华投资持续保持在每年 100 亿美元以上，1994 年起突破 400 亿美元，2018 年达到 1 349.66 亿美元。人力资本、技术、管理经验随着外资流入而进入，常见的合作形式是合资企业，国外企业以技术交换中国的大市场。

随着全球化进程的变异和全球金融危机的爆发，这种外向型发展战略所依赖的世界经济发展模式、总体结构、治理体系和运行规律都发生了剧烈变化。依赖国际大循环的出口导向发展战略开始难以适应新格局、新模式和新使命的要求，暴露出种种弊端。

一是全球化红利的递减和分配模式的变化要求中国必须将经济发展的动能从“出口—投资驱动模式”转向“内需—创新

模式”。二是大国冲突带来的“卡脖子”问题要求中国技术发展必须从“引进—移植—模仿—消化”向自主创新模式转变。三是“两头在外”贸易模式使中国难以摆脱全球价值链的约束，很容易落入“比较优势低水平陷阱”之中。四是内部经济循环的不畅通、分割化和碎片化难以支撑全面快速提升国际竞争力的需要，而进一步开放需要内循环的全力支持。五是简单开放战略不仅难以肩负中国高质量发展的重任，还会成为中国经济循环的动荡源。大国崛起、民族复兴必然要求对这种战略进行调整。

针对简单外向型发展战略存在的系统性问题，党和政府进行了持续的修正。早在 2006 年和 2011 年出台的“十一五”规划和“十二五”规划中，政府都明确了对于“两头在外”出口导向型发展战略进行全面修正，提出“立足扩大国内需求推动发展，把扩大国内需求特别是消费需求作为基本立足点，促使经济增长由主要依靠投资和出口拉动向消费与投资、内需与外需协调拉动转变”。

党的十八大以来，党中央根据新时期面临的新格局、新挑战、新规律和新使命进一步提出了修正出口导向发展战略的具体政策和发展思路。2012 年中央经济工作会议果断提出要以“扩大内需、提高创新能力、促进经济发展方式转变”替代“简单纳入全球分工体系、扩大出口、加快投资”的传统模式。2013 年提出的“新常态理论”要求对三期叠加面临的深层次问题进行梳理。2015 年提出的新发展理念和供给侧结构性改革对这些问题进行了全面的战略部署。2016 年“十三五”规划进一步在指导思想中要求“要准确把握战略机遇期内涵的深刻变化，更加有效地应对各种风险和挑战，继续集中力量把自己的事情办好，不断开拓发展新境界”。2018 年中央经济工作会议在深化供给侧结构性改革的基础上提出“畅通国民经济循环”“促进形成强大国内市场”。2019 年政府工作报告将“畅通国民经济循环”“持续释放内需潜力”“促进形成强大国内市场”作为报告的关键词。2019 年第五次中央财经委员会决定，要“坚持独立自主和开放合作相促进，打好产业基础高级化、产业链现代化的攻坚战”。[5]

党中央在 2020 年提出的“双循环新发展格局”是在过去十多年持续探索的基础上对各种政策构想和战略思维的全面提升和进一步综合的产物。实际上，这些政策和战略调整取得了良好的效果。

一是外贸依存度从 2006 年的 63% 下降到 2019 年的 33%，下降了 30 个百分点。二是贸易顺差占 GDP 的比重从最高的

9.7% 下降到 2019 年的不到 3%。三是加工贸易比重大幅度下降，劳动密集型产品占比大幅度下降，出口国集中度大幅度下降。四是内需特别是消费对经济增长的贡献度大幅度提升。五是国内技术创新成为出口竞争力提升的关键。六是国内营商环境、创新环境以及市场秩序得到了前所未有的改善，说明新时期以来的战略调整和理论发展具有十分坚实的经贸和产业结构基础。

新时期的国际大循环

新时期的国际大循环是以国际分工和国际市场为基础，以国际产业链和价值链为依托，以国际贸易、国际投资和国际金融为主要表现形式，各经济体基于比较优势相互竞争、相互依存的经济循环体系。

在经济全球化的大背景下，国际大循环必然与各国经济循环相对接，各国经济也需要在开放中利用国际国内两个市场、两种资源以实现更好发展。在目前国际大背景发生变化的过程中，我国并不是用孤立主义来迎接孤立主义，用保护主义来迎接保护主义，而是在新的开放格局下形成新的理念，进一步以更高水平的开放，以制度型开放来应对世界经济形势的变化。

具体而言，新时期的国际大循环与过去几十年践行的国际大循环构想存在以下四个方面的差异。

第一，新的国际大循环要基于新的国际布局，顺应全球化的新趋势。新的国际大循环要适应国际分工在新形势下，特别是在国际百年未有之大变局的新格局、新规律下的状况，顺应全球经济体系的变化。

当前，中国面临新旧循环机制中的机遇与压力。一方面，我国与欧美发达国家之间保留“中心—外围”式的全球经济循环，作为制造大国和出口大国，接受来自发达国家的资本输出和制造业转移，同时，我国向发达国家出口加工制成品，形成贸易盈余后再去购买发达国家的资产，形成经济循环；另一方面，我国加强与亚非拉发展中国家的经济合作，从工业化程度更低的发展中国家进口自然资源和初级产品，并出口工业制成品，同时通过直接投资来展开产业转移，与亚非拉国家形成新的经济循环。

在“中心—外围”式的全球经济循环中，我国处于被动的弱势地位，而在新的循环机制中，我国把握了更高的主动权和话语权。

2015 年 3 月 28 日，国家发展改革委、外交部、商务部联合发布的《推动共建丝绸之路经济带和21世纪海上丝绸之路的愿景与行动》指出，要积极发展与“一带一路”沿线国家的经济合作伙伴关系，共同打造政治互信、经济融合、文化包容的利益共同体、命运共同体和责任共同体。“一带一路”沿线各国具有不同的资源禀赋，经济互补性较强，构建区域合作平台有利于各方经济发展和贸易合作。截至2020年11月，中国已经与138个国家、31个国际组织签署了201份共建“一带一路”合作文件。我国利用自身的产能优势、技术与资金优势、经验与模式优势转化为市场与合作优势，致力于建立更加平等均衡的新型全球发展伙伴关系。

2020年是中非合作论坛成立20周年。20年来在双方共同努力下，中非合作论坛已成为中非开展集体对话的重要平台、务实合作的有效机制。2021年《中华人民共和国政府和毛里求斯共和国政府自由贸易协定》（以下简称《协定》）正式生效，这是中国与非洲国家签署的第一个自贸协定。自1972年建交以来，中毛两国双边经贸关系稳步发展。2017年12月，中毛双方启动自由贸易协定谈判。经过4轮谈判，双方于2019年10月在北京签署《协定》，2021年1月1日生效实施。《协定》就市场开放达成许多共识，对中非经贸合作形成了引领和示范。

2020 年 11 月 15 日，东盟 10 国和中国、日本、韩国、澳大利亚、新西兰等共 15 个亚太国家正式签署全球最大规模的自由贸易协定——RCEP。这标志着当前世界上人口最多、经贸规模最大、最具发展潜力的自由贸易区的诞生，将促进本地区产业和价值链的融合，世界经济格局将进一步加快重构。鉴于亚洲地区经常受到来自发达国家的贸易调查以及限制，发达国家的贸易保护主义扰乱亚洲生产体系的运作和价值链的稳定，RCEP的建立将提高亚洲地区经贸体系的稳定性，提供一个更具潜力的最终消费市场。

新华社报道，2020 年 12 月 30 日，国家主席习近平在北京同德国总理默克尔、法国总统马克龙、欧洲理事会主席米歇尔、欧盟委员会主席冯德莱恩视频会晤。中欧领导人共同宣布如期完成中欧投资协定谈判，将以公平竞争环境、市场准入问题、投资环境等为核心内容构建中欧双边投资制度安排。协定谈判在 2013 年正式启动，历时 7 年经历了 35 轮谈判。除了禁止强制转让技术的规则之外，中欧投资协定还首次纳入了确保国有企业的补贴透明性，体现了我国推进高水平对外开放的决心和信心。协定为中欧投资提供了有力的制度保障，合作前景更加光明。

随着我国在新的循环机制中占据越来越重要的地位，人民币国际化进程也在加速。境外市场主体持有人民币的动机从早期作为贸易结算工具，逐步转变为作为投资和储备的资产。未来金融市场的进一步开放，与“一带一路”沿线国家、RCEP缔约国家加深经贸合作，都将继续推动人民币国际化进入新阶段。

基于新的国际格局，我国对外经济体系在进出口战略的安排上，在资本输入输出的定位上，以及在一系列的对外政策上要有一个新的定位、新的布局，而不是简单地依托发达国家的市场或者技术。我国要顺应目前全球化周期性、趋势性、结构性的变化，在洞悉规律的基础上进行新的布局，通过新的国际布局进一步助推国内大循环的畅通，进一步形成我国利用国际资源、国际市场的新的制度基础、新的战略举措。

第二，新的国际大循环减少对外部经济的依赖程度，更加重视供应链和产业链的安全性。世界百年未有之大变局的加速期所带来的不稳定性和不确定性，必然要求新的国际循环全面增强“安全”的维度，使中国经济发展与安全统筹行稳致远。

具体来说，一方面是不再单纯依赖于出口拉动国内经济的增长，新的国际大循环要建立在更安全、更富有弹性的国际需求基础之上。过去由于国内购买力不足，国内生产超出国内需求的产品只能通过出口到国外实现生产流通的循环，形成“两头在外”的经济模式，导致国内生产过度依赖国外需求。过去30年，我国国民收入大幅增长，国民消费能力和消费水平大大提高，国内市场具有庞大的消化能力，而且我国快速扩张的中等收入人群也将释放更大的消费潜力。

另一方面是生产不再依赖于国外的技术，我国企业需要提高自主创新能力，加大研发投入，减少对国外核心技术的依赖，提高产业链的可替代性和韧性，更好地管控全球供应链和产业链波动带来的风险，不能简单地受制于某一个供应商或者市场。在过去的国际大循环中，很多核心技术和核心部件都依赖全球分工体系；在逆全球化和大国博弈的环境中，单一的供应链、产业链的布局很容易对中国的供应链、产业链带来根本性的冲击。我国必须在技术层面，通过基础研发和集成性的创新来突破目前的“卡脖子”技术。新的国际大循环要在全球的供应链、销售链上形成新格局、新思路、新风险管控方式，将产业链、供应链的完整性和安全性上升到一个新的高度。

目前，世界格局和大国博弈正在深化，疫情对整体经济的冲击不是短期、表象的，而是中长期、结构性、趋势性、深层次的，在多种因素叠加带来高度不确定性的背景下，我们必须保障国内生产具有一定程度的弹性，管控外部风险。

第三，经济循环的动力机制发生更替，由国际循环转变为国内循环。

过去，我国采取外向型经济战略，国际大循环处于主导地位——利用国外的技术和需求拉动国内经济增长，建立起国内完整的工业体系。但这样的经济结构对于大国而言是难以长期维系的，内需才是经济发展的动力源泉，保障经济活力还是要靠内需。

新的经济循环机制是以内为主、以外为辅，动力从外部转至内部，依靠挖掘内部市场活力来提升资源配置效率，以内生技术发展突破“卡脖子”问题为基础来进行重构国际合作的新平台和国际竞争力的新基础。

过去，我国利用发达国家的开放、安全和自由的产品与要素市场来发展我国的经济，依靠发达国家的经济活力为国内提供发展动力。新时期的经济循环中，国内市场服务于我国的经济发展，国际市场是国内市场的补充。

第四，新的国际大循环要以更高水平的开放参与国际经济体系，在统筹开放与安全的基础上、在开放格局和开放模式上进行调整，依托国内经济大循环和技术创新打造国际合作与竞争新优势。以畅通内部循环、满足人们对美好生活的需要为落脚点，以更好、更有弹性、更为安全、更为深入的国际大循环参与为前提、补充和有机组成部分。

低水平的对外开放主要体现为订单导向的市场开拓模式，高度依赖具有成本优势的劳动力、土地、资源、资金等生产要素，出口商品规模大但附加值低。高水平既是相对于我国传统的开放模式和途径而言，也是相对于下一轮开放的新趋势而言。

高水平的开放可以从三个方面来理解。

一是进一步降低关税以及消除补贴等非贸易壁垒，充分利用全球资源配置效益，以国内超大市场规模吸引国际商品和要素资源，使中国成为新的国际经济中心，全面提升开放的深度。实施自由贸易区提升战略，构建面向全球的高标准自由贸易区网络，是“十四五”规划建议提出的内容，也是推动高水平开放的重要举措。2018 年 12 月 28 日，国家发改委印发的《海南省建设国际旅游消费中心的实施方案》提出，海南将构建全面开放新格局：深化改革开放，加快探索建设海南自由贸易港进程，推进与世界各国特别是“一带一路”沿线国家和地区的深化合作，打造中国面向太平洋和印度洋的重要对外开放门户。

二是要从传统的、市场准入式的开放过渡到制度型开放，更大程度地开放我国的行业准入，提供更安全、更自由的市场，打造与国际接轨的制度体系和营商环境。《中华人民共和国外商投资法》是由商品和要素流动型开放向制度型开放转变的一个重要体现。《中华人民共和国外商投资法》及其实施条例从2020年1月1日起全面实施，致力于鼓励和促进外商投资，保护外商投资合法权益，规范外商投资管理，持续优化外商投资环境，推进更高水平的对外开放。2019年11月7日，国务院发布《关于进一步做好利用外资工作的意见》，从2020年起取消证券公司、证券投资基金管理公司、期货公司、寿险公司外资持股比例不超过51%的限制，加快金融业开放进程。

三是拓宽开放的维度，强化核心技术，形成新的国际竞争优势，提高国际定价能力，让高水平开放不仅体现在出口商品的规模，还体现在出口商品的质量和价值含量，以及在国际市场的定价能力上。过去，我国很多产业在全球分工体系中被长期锁定在产业链低端环节，只能依靠大规模出口低附加值的产品来获得微薄利润。现阶段的高水平对外开放体现为生产要素的全球配置、以效益为基础的现代化产业体系以及高附加值的核心产品。此外，要构建新的合作平台，展示新的竞争力，拓宽生产经营的条件。

新的国际大循环脱离了原来“两头在外，大进大出”的结构，对我国经济发展有两方面突出的促进作用。一方面，国际标准进入我国，推动我国的产品质量向国际标准看齐，我国企业有动力去主动学习国际先进技术；另一方面，新时期的国际大循环也为我国企业“走出去”提供了平台，我国企业的产品也能凭借自身的先进技术在全球取得领先地位。

第三节 “双循环”之间的联动关系

以国内大循环为主体

国内大循环和国际大循环之间的关系，与国家经济规模紧密相关。任何一种经济循环，特别是一个大国的经济循环，都是由国内大循环和国际大循环组成的。小国往往有较高的贸易依存度，以国际大循环为主体；大国可以建立起较为完整的产业体系，所以到底是以国内大循环为主体，还是以国际大循环为主体，要进一步根据国家的发展阶段、发展环境、发展目标来决定，而不能机械化、简单化。

我国的内循环实际上是一直存在的，即使在传统的计划经济体制下，内循环与外循环也是同时存在的。但是以市场经济和市场配置资源为主体的国内大循环实际上是在 40 多年改革开放的进程中逐步形成的。新发展格局要以国内大循环为主体、国内国际双循环相互促进。这一内涵中的很重要的一点是以内为主，以满足国内需求为出发点和落脚点，以国内的分工体系为载体，以国内的生产、消费、分配、流通环节的顺畅和新动能的不断提升为内生的运行动力，同时还要以国际大循环作为重要的补充和支持。双循环体系在本质上是一个开放的体系，但是它与传统的“两头在外”的外向型发展战略相比，在开放的方式、路径、落脚点、目标以及内外之间的关系上都进行了重大的调整。

以满足国内需求为出发点和落脚点，即要提高供需结构的适配性。供需结构的适配性表现为国内消费对国内生产的导向作用和调节作用。

随着生活水平提升，消费结构不断优化，我国居民对于产品种类和质量的要求越来越高。为推进产业结构转型升级的过程，国内企业需要更顺畅的创新机制，大力培养和引进国际一流人才与科研团队，推动科技成果转化和应用，加大知识产权保护力度，激发科研团队和企业的积极性。以国内的分工体系为载体，即要提高产业链、供应链的质量和弹性，更好地管控全球供应链和产业链波动带来的风险。以国内大循环为主体，意味着经济的动力在于国内循环，要激发国内市场的活力，提高资源配置效率，让国内市场服务于我国的经济发展。这与我国已经实现全面小康、步入高质量发展阶段的历史背景是相符的。

内外循环要相互促进

双循环需要统筹国内国际两个大局，采取主动战略。世界百年未有之大变局的加速期所带来的不稳定性、不确定性，要求新发展理念全面增强“安全”的维度，使中国高质量发展与安全统筹行稳致远。

新华社报道，2019 年 1 月 21 日，习近平总书记在省部级主要领导干部坚持底线思维着力防范化解重大风险专题研讨班开班式上强调：“当前，世界大变局加速深刻演变，全球动荡源和风险点增多，我国外部环境复杂严峻。我们要统筹国内国际两个大局、发展安全两件大事。”面对云谲波诡的国际形势、复杂敏感的周边环境、艰巨繁重的改革发展稳定任务，既要有防范风险的先手，也要有应对和化解风险挑战的高招；既要打好防范和抵御风险的有准备之战，也要打好化险为夷、转危为机的战略主动战。

“双循环”发展格局很重要的一个方面是，国内国际经济循环要相互促进。过去一段时间，中国是以开放促进改革、以国际市场来促进国内市场发展，通过参与国际大循环来促进投资、开放内需，但这种状况在2008年全球金融危机的冲击下已经显示出很多弊病。因此，我国从“十二五”规划时期开始就在进行战略调整，从“外需—投资”驱动型的经济增长模式转换到“内需—消费”以及创新驱动型的经济增长模式上来。内部经济循环的不畅通、分割化和碎片化难以支撑国际竞争力的全面快速提升，进一步开放需要内循环的全力支持。[6]过去“两头在外”贸易模式使中国难以摆脱全球价值链的约束，很容易落入“比较优势低水平陷阱”之中。高水平的国际大循环必须通过内部创新体系的完善，在政府主导下进行基础研究和技术创新，强化国家战略科技力量，从而尽快突破关键核心技术，以科技创新催生新发展动能，建立新的国际竞争优势。

历史经验表明，大国经济在全面崛起、创新布局和主导未来世界格局之际，没有强大的内部经济循环体系和基本盘，则难以形成不断增强的竞争力和驾驭全球资源配置的能力。国内大循环的发展是未来国际大循环提升和顺畅的基础，也是中国竞争力和价值链地位全面提升、摆脱简单开放带来的比较优势低水平锁定效应，以及建立安全高效经济体系的关键。构建“国内大循环”是供给侧结构性改革的深化和延续，是未来“十四五”规划期间各类工作开展的一个基本出发点和落脚点。[7]

另外，我国也要继续把握国际循环对于国内经济循环的补充、促进。以内循环为主体，主要是通过内部创新力、配置力的提升，使中国经济在参与国际合作中形成新的竞争优势。内循环静态和动态的全面提升，将使中国在全球化发生重大变化的过程中创造新的竞争力和竞争优势。这需要我国适应目前国际化的新格局，开放的路径、模式、体系要有一个新的变革。我国不是要闭关锁国，而是要更高水平的开放，但是更高水平的开放必须以我国的安全问题为前提。[8]

从人类历史来看，全球化虽然会遇到很多阻碍，产生一系列波动，但却是一个不可阻挡的历史发展趋势。人类全球化进程经历了四个阶段。虽然每个阶段都出现了强劲的逆全球化现象，但总体而言，在全球进行配置资源是人类发展和进步的必然方向。因此，中国必须利用好世界市场，必须与发达国家进行科技、文化、经济各方面的交流，才能很好地弥补我国在发展中所面临的短板问题。

从实践来看，在目前国际大背景发生变化的过程中，我国并不是用孤立主义来迎接孤立主义，用保护主义来迎接保护主义，而是进一步以更高水平的开放，以制度型开放来应对世界经济形势的变化。这样的一种新型开放策略，不是为开放而开放，而是要有落脚点，必须以国内经济循环为主，将更好地满足国内消费与更好地促进中国特色社会主义市场经济的发展和生产力进步作为立足点。

因此，新的开放格局要有新的理念、新的模式。特别是在面临全球治理体系重构的时候，我国的开放策略要有新内涵，在全球产业链、供应链上的布局也要进行一系列重构。我国需要深入梳理国内循环的短板，提升国内循环产业链、供应链的安全性，使国内经济循环建立在更安全、更富有弹性的国际供给和国际需求基础之上，而不是简单地把国内循环嫁接到国际循环上面。

关于内外循环的误区

发展国内大循环不意味着要与国际产业链脱钩或者“出口转内销”，更不意味着闭关锁国。各种国外的经济主体和要素都可参与到国内经济大循环之中，只要落脚点在于国内分工和国内市场的资源配置，目的在于满足国内需求和提升国内的生产力及竞争力。国内经济大循环需要与国际经济大循环相对接，在开放中利用国内国际两个市场、两种资源。

应当认识到，发展国内大循环，不是要让各地搞区域内循环或产业内循环，而是要促进各个地区、各个产业之间的分工协作和贸易流通，畅通整个国民经济循环。

中共十六届三中全会提出区域协调发展战略，具体内容包括：积极推进西部大开发，振兴东北地区等老工业基地，促进中部地区崛起，鼓励东部地区率先发展，继续发挥各个地区的优势和积极性，通过健全市场机制、合作机制、互助机制、扶持机制，逐步扭转区域发展差距拉大的趋势，形成东中西相互促进、优势互补、共同发展的新格局。区域协调发展战略鼓励各区域逐步形成定位清晰的主体功能，但只有区域间良性互动和国内市场整体统筹合作机制，才能提振经济效益，提高资源配置效率，有利于畅通国民经济循环。

国内大循环并非完全摒弃国际分工，不是搞“产业内循环”，也不意味着中国对外开放战略的转向。事实上，中国的内部循环绝非闭门造车，而是通过重塑国际产业链、贸易链布局，使国际循环更好地为国内循环服务。

第三章

双循环过程中存在的问题和挑战

第一节　国内循环问题的堵点

随着我国的出口依赖程度逐步下降、国际经济不确定性急剧上升，同时受到逆全球化态势抬头、疫情对全球化产生严重冲击等外界因素的影响，我国亟须建立起以内循环为主体的双循环发展格局。这不仅是应对当前经济形势的迫切要求，更是作为经济大国实现长期发展的重要保障。

“以内循环为主体”符合中国当前发展阶段的特征。外部需求持续下滑，中国经济要跨越中等收入陷阱，必须通过内部创新体系的完善，即内部经济大循环所带来的基础创新、商业创新、集成创新等方式来实现，必须依靠挖掘内部市场活力来提升资源配置效率。

我国作为世界经济大国，在改革开放之前的计划经济体制下已采取了以内循环为主的经济发展方式，但由于当时内需严重不足，国内大量产品存在滞销，为进一步消化产能，我国通过改革开放打开了国际市场，逐步成为国际贸易中不可或缺的一员。在逐步与世界经济产生深度关联的过程中，国内的市场结构发生了翻天覆地的变化，产业结构实现优化升级，制造业快速发展。然而，在经历了快速增长期后，我国逐步面临着从高速增长向高质量增长的经济模式，出口依赖程度从近年开始逐步下降,进口逐年攀升,在世界经济总需求出现乏力的情况下，国内经济增速也在逐年放缓。一方面，我国作为经济大国，亟须优化当前的经济增长模式，进一步为经济注入强劲的内生动力，形成具有长期增长潜质的发展道路；另一方面，我国也需要在短期内迅速调整经济结构，以缓冲新冠疫情与国际局势的不确定性对国内经济的负面冲击。因此，为解决当前面临的诸多挑战,建立以内循环为主,外循环为辅的新经济格局势在必行。而确保内循环的畅通，则需要解决目前存在的诸多堵点。本节主要阐述内循环畅通的必要条件，从生产、分配、流通、消费四个环节以及要素市场来分析我国内循环存在的堵点。

生产环节

存在“卡脖子”技术瓶颈

生产环节是循环流通的起点，能否建立起高质量的内循环流通机制，以及能否实现内循环在不断升级迭代中逐步成熟与稳定，生产环节作为价值创造的起点，起到了至关重要的作用。目前，我国生产环节最关键的堵点问题在于“卡脖子”技术。

具体而言，“卡脖子”技术是指在高科技产业领域存在的一些由于我国自主研发能力不足、技术工艺水平有限而无法突破的技术堵点，从而使我国长期处于需要依赖技术进口与关键零部件进口的被动局面。当国际局势紧张、不确定性增加时，“卡脖子”技术对我国生产环节的限制会更加明显。例如，2018 年美国商务部声称中兴通讯未遵守相关承诺条款，而对其进行技术制裁，严禁美国企业向中兴通讯出口相关产品与技术。美国这一举措对中兴乃至整个国内通信行业都产生了一定的负面冲击。中兴通讯的业务覆盖基站、光通信与手机三大领域，美国禁止向其出售的芯片产品与技术处于产品制造的核心地位，起着决定性作用。我国的芯片自给率不足，在短时间内，芯片研发技术无法达到国际领先水平。与此同时，在芯片制造的过程中，从二氧化硅的提纯到最终在指甲盖大小的芯片上集成 100 多亿个晶体管，每一步都需要精细的操作，且关键材料与设备都需要进口。

芯片制造中的“卡脖子”问题不仅体现在材料、设备的进口依赖中，更多地体现在其所涉及的各个生产环节中的技术细节无法突破。而芯片技术的迭代需要高额的实践成本与漫长的试错过程，这也是长期以来掣肘我国芯片自主化的主要原因之一。更宏观地看，突破“卡脖子技术”最终需要依赖于国内产业链的搭建。芯片产业链的搭建涉及设计、加工、设备配套等众多领域，不仅需要资金支持，更需要体系化建设、人才培养与政策支持，追赶世界先进技术需要几十年的实践与沉淀。

我国多个产业领域皆存在“卡脖子”技术。例如，在决定芯片性能上限的光刻机制造领域，我国长期依赖进口并始终处于“卡脖子”状态。在手机制造领域，我国也缺乏自己的操作系统。2017 年安卓系统市场份额高达 85.9%，苹果操作系统为 14%，其他系统也均来自美国。系统开发具有极高的进入壁垒，几乎不存在生态空间，因为软件厂商大多只会在主流的操作系统上进行软件开发。一旦现在使用的安卓系统不再免费，将会对我国的手机行业产生巨大冲击。其他行业诸如半导体行业、汽车行业、新能源行业、锂电行业、医疗行业、航天业等皆存在不同程度的“卡脖子”问题。而这些问题的突破无一不需要长时间的资金、人力与政策的投入（见图 3.1）。

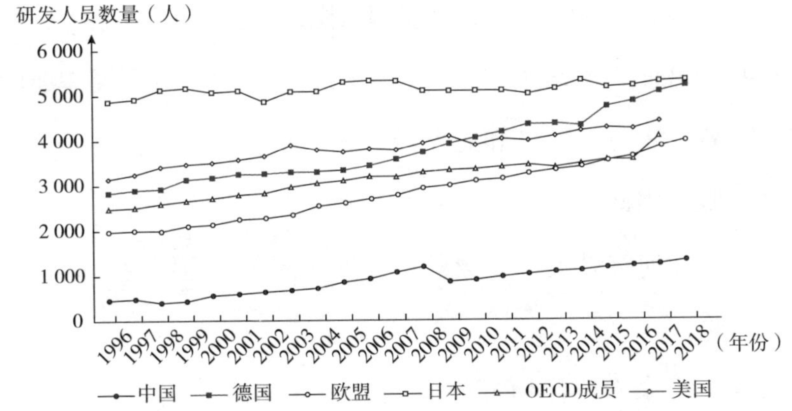

图 3.1　1996—2018 年世界主要国家及组织研发人员数量变化

数据来源：世界发展指数（World Development Indicators，WDI）。

我国目前处于技术升级阶段，在过去几年的快速发展中，虽然深度参与了国际贸易，但对于技术的引进与原始创新始终处于瓶颈阶段，加之当前国际紧张局势进一步加剧，面临的“卡脖子”问题更加突出。由于技术问题无法得到实质性解决，我国的出口始终无法实现有效地增加，多年来我国仍然作为世界工厂参与全球价值链的集成与发展。

“十三五”以来，我国创新驱动发展战略深入推进，创新正在成为引领发展的第一动力。有关统计数据显示，2019 年我国科技进步贡献率达 59.5%，在 WIPO 发布的 2020 年全球创新指数中，我国居世界第 14 位，创新型国家建设取得新进展。但随着美国挑起贸易摩擦并联合盟国试图与中国经济“脱钩”，我国科技领域面临的瓶颈问题进一步凸显，关键产业发展需要的高端设备、重点零部件和元器件等大多依赖进口，且核心技术同样受限。因此，在新一轮科技革命和数字化生产呼声迭起的背景下，如何突破关键领域科技发展瓶颈是畅通国内大循环的重大考验。

从历史来看，任何一个大国要想在国际大变局中拔得头筹、赢得胜利，必须以内为主，必须扎稳自身的基本盘，必须在国内大循环的基础上实现关键技术、核心技术、“卡脖子”技术的全面突破，才能够真正实现发展与安全之间的统筹。即便很多行业暂时不存在“卡脖子”问题，但由于国际局势不确定性的急剧上升，后疫情时代的风险逐步释放，各产业生产链上的各个环节都面临着相应的风险。我国必须在不确定性加剧的时代，尽快建立起新思想、新格局、新的风险把控思路，必须明确各产业链、供应链面临的风险。只有这样，才能使我国的发展安全可控，使我国的竞争力即使在高度不确定的环境中，也能得到确定性的提升，并且处于不败之地。过去，我国参与全球化，很多核心技术和核心部件都依赖全球分工体系。在逆全球化和大国博弈的环境中，这种情况很容易对我国的产业链、供应链带来根本性的冲击。因此我们必须在技术层面，通过基础研发和集成性的创新来突破目前的“卡脖子”技术。

中低端产能过剩，高端产品供给不足

2015年，中央经济工作会议上提出“供给侧改革”，旨在从供给侧着手，改善我国供给结构，解决供给结构错配等问题。供给侧改革是针对产能过剩与产业升级进行的长期战略规划。我国目前面临的产能过剩是结构性产能过剩：中低端产能过剩，而高端产品供给不足，无法满足高端消费。与之相对应的是国内需求结构性不足：对于中低收入阶层的消费群体，市场供给的中低端产品过剩，同时由于其收入较低，释放的有效需求不足；而对于高收入群体，我国产业优化不足，高端产品供给不足，存在供不应求的困境。

产能过剩意味着生产要素配置失衡。大量研究表明，政府干预在产能过剩形成过程中具有直接影响。具体而言，改革开放以来，制造业的快速发展，引致政府初期进行大规模投资，要素配置的市场化机制减弱。随着我国需求结构、劳动力市场、土地成本、资源环境成本等不断变化，一些生产周期长、初期投资成本过高的传统制造业逐渐显现出产能过剩的迹象，其具体表现形式为产品价格低迷、产业劳动力供给相对过剩、行业利润不断压缩等，其中最显著的是钢铁、水泥、有色金属等传统制造业。表3.1给出了2017年亏损企业数量最多的10个行业，表3.2为2017年亏损率最高的10个行业。

近年来，制造业企业亏损数量逐年攀升，规模以上工业企业的亏损数由2012年的39 664家上升至2017年的42 494家，2015年更是达到高点48 248家，平均亏损率约12%。其中，非金属矿物制品业企业亏损数量最高。从亏损率来看，石油和天然气开采业的亏损率最高，从2014年的20.42%急剧上升至2015年的46.81%，之后几年维持在50%左右。由此可见，我国低端产业存在明显的产能过剩，亟须借助产业升级调整产业结构，缓解生产与供给的结构性失衡。

当外部需求持续下滑，中国经济要跨越中等收入陷阱，必须通过内部创新体系的完善，即内部经济大循环所带来的基础创新、商业创新、集成创新等方式才能实现；必须依靠内部市场活力挖掘，提升资源配置效率。

表 3.1 规模以上工业企业亏损数量（家）

行业类别	2017 年	2016 年	2015 年	2014 年	2013 年	2012 年
规模以上工业企业	42 494	40 720	48 248	43 452	41 711	39 664
非金属矿物制品业	3 462	3 566	4 279	3 495	3 312	3 167
电气机械和器材制造业	2 878	2 605	2 955	2 680	2 649	2 500
化学原料和化学制品制造业	2 741	2 898	3 260	2 933	2 846	2 825
计算机、通信和其他电子设备制造业	2 394	2 212	2 489	2 183	2 330	2 266
通用设备制造业	2 374	2 512	3 016	2 544	2 399	2 191
农副食品加工业	2 371	1 927	2 116	1 992	1 696	1 426
金属制品业	2 292	2 014	2 463	2 130	2 021	1 926
纺织业	1 922	1 728	2 138	2 158	2 113	2 284
专用设备制造业	1 895	1 918	2 136	1 827	1 722	1 533
橡胶和塑料制品业	1 894	1 675	1 959	1 935	1 873	1 698

数据来源：中国国家统计局。

表 3.2 规模以上工业企业亏损率（亏损企业 / 企业总数，%）

行业类别	2017 年	2016 年	2015 年	2014 年	2013 年	2012 年
规模以上工业企业	11.40	10.76	12.59	11.50	11.28	11.54
石油和天然气开采业	45.16	50.00	46.81	20.42	22.92	24.63
黑色金属矿采选业	27.45	26.04	28.11	22.07	14.67	15.41
电力、热力生产和供应业	24.04	21.54	22.29	24.09	23.16	24.85
煤炭开采和洗选业	22.48	26.66	33.71	28.01	22.65	17.61
水的生产和供应业	20.69	22.41	24.43	25.62	26.89	28.44
开采辅助活动业	19.78	24.40	19.53	10.84	13.89	11.32

续表

行业类别	2017 年	2016 年	2015 年	2014 年	2013 年	2012 年
金属制品、机械和设备修理业	18.73	18.87	15.87	15.70	16.32	16.86
石油加工、炼焦和核燃料加工业	16.98	22.17	29.30	25.87	22.35	24.66
废弃资源综合利用业	16.35	19.09	23.27	19.13	17.86	17.70
有色金属矿采选业	16.13	18.79	22.34	15.88	13.19	10.78

数据来源：中国国家统计局。

消费环节

内需不足在过去 20 年内一直是我国国民经济增长所面临的关键问题。广义而言，内需是指消费与投资，但相较于投资而言，我国消费更加凸显出长期不足的现象。尤其是在与其他国家进行对比时（见表 3.3），2018 年我国居民消费率比美国、日本等发达国家低至少 10 个百分点。即使是与同为发展中国家的印度与巴西相比，我国居民消费率也远远低于这些国家。最终消费率（居民消费率 + 政府购买率）与美国、英国和巴西等国相比，大约低 30 个百分点。我国消费率相较于世界水平处于严重不足的困境，而资本形成率却相较其他国家略高。2018 年我国资本形成率达到 43.79%，而美国、日本等发达国家不足

30%。因此，我国内需不足主要体现为消费需求不足。

表 3.3　2018 年各国国民收入核算（%）

发展指数	中国	美国	日本	德国	英国	韩国	印度	巴西
居民消费率	38.52	67.99	55.64	52.30	65.48	48.02	59.32	64.70
最终消费率	55.06	82.04	75.44	72.27	83.95	64.08	70.41	84.79
资本形成率	43.79	21.07	24.32	21.58	17.20	31.49	31.70	14.83
货物和服务净出口率	0.77	–2.96	0.23	6.15	–1.39	4.44	–3.70	0.38

数据来源：世界发展指数，经作者计算得到。

消费不足不仅体现在消费率较低，同时也体现在消费对我国经济增长的贡献率处于较低水平（见表 3.4 和图 3.2）。若想建立以内循环为主的经济体系，消费环节必须释放足够多的能量，以消化生产环节创造的产出。

表 3.4　三大需求对 GDP 增长的贡献率

年份	最终消费支出对国内生产总值增长贡献率（%）	最终消费支出对国内生产总值增长拉动（百分点）	资本形成总额对国内生产总值增长贡献率（%）	资本形成总额对国内生产总值增长拉动（百分点）	货物和服务净出口对国内生产总值增长贡献率（%）	货物和服务净出口对国内生产总值增长拉动（百分点）
2000 年	78.8	6.7	21.7	1.8	–0.5	0
2001 年	50	4.2	63.5	5.3	–13.5	–1.1

续表

年份	最终消费支出对国内生产总值增长贡献率（%）	最终消费支出对国内生产总值增长拉动（百分点）	资本形成总额对国内生产总值增长贡献率（%）	资本形成总额对国内生产总值增长拉动（百分点）	货物和服务净出口对国内生产总值增长贡献率（%）	货物和服务净出口对国内生产总值增长拉动（百分点）
2002 年	58.1	5.3	40	3.7	1.9	0.2
2003 年	36.1	3.6	68.8	6.9	−4.9	−0.5
2004 年	42.9	4.3	62	6.3	−4.9	−0.5
2005 年	56.8	6.5	33.1	3.8	10.1	1.1
2006 年	43.2	5.5	42.5	5.4	14.3	1.8
2007 年	47.9	6.8	44.2	6.3	7.8	1.1
2008 年	44	4.2	53.3	5.1	2.7	0.3
2009 年	57.6	5.4	85.3	8	−42.8	−4
2010 年	47.4	5	63.4	6.7	−10.8	−1.1
2011 年	65.7	6.3	41.1	3.9	−6.8	−0.6
2012 年	55.4	4.4	42.1	3.3	2.5	0.2
2013 年	50.2	3.9	53.1	4.1	−3.3	−0.3
2014 年	56.3	4.2	45	3.3	−1.3	−0.1
2015 年	69	4.9	22.6	1.6	8.4	0.6
2016 年	66.5	4.6	45	3.1	−11.6	−0.8
2017 年	57.5	4	37.7	2.6	4.8	0.3
2018 年	65.9	4.4	41.5	2.8	−7.4	−0.5
2019 年	57.8	3.5	31.2	1.9	11	0.7

数据来源：中国国家统计局。

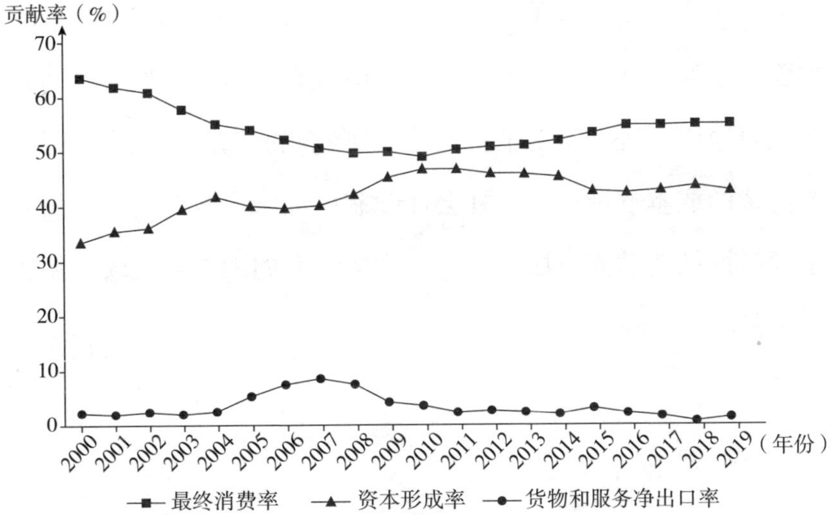

图 3.2　2000—2019 年国内三大需求对 GDP 的贡献率

数据来源：中国国家统计局。

消费不足仅是表象，对其背后成因的进一步分析有助于我们更清晰地剖析经济循环面临的堵点。

首先，与消费不足相对应的是我国居民储蓄率长期处于高位。如图 3.3 所示，相较于美国、日本、印度、欧盟，我国储蓄率高出至少 15 个百分点。例如，2018 年我国储蓄率 45%，印度储蓄率不到 30%，美国仅有 19%。而在 2000—2008 年，我国储蓄率甚至出现连续上升的趋势，在此期间，除了印度，其他国家的储蓄率都处于不断下降的趋势。在我国，居民储蓄一方面作为预防性储蓄，用于应对未来收入的不确定性，另一方面用于购买住房。长期以来，我国较高的房价是形成高储蓄的主要原因，进一步对消费形成挤压效应。而随着教育、医疗等消费的成本逐渐提高，社会保障制度还未完全覆盖，居民对于预防性储蓄的需求居高不下，这使短期的消费刺激政策无法真正释放消费潜力。

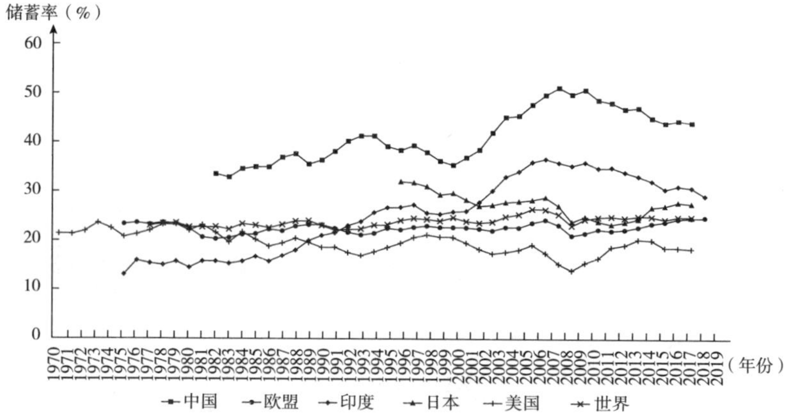

图 3.3　1970—2019 年各国总储蓄率

数据来源：世界发展指数。

因此，一方面要通过改革收入分配制度、建设福利体系来提振国内居民的消费潜能；另一方面要通过良好的跨周期资源配置，加大对“两轻一重”和研发的投资力度，使中国的新动能得到进一步的培育。扩大内需成了目前工作的一个核心，但是内需的扩大并不是简单地通过消费政策来实现短期的消费提升。因为双循环战略是中长期战略，它必须从一些基本要素、基本制度、基本循环的角度来改善资源配置效率，使生产力的发展进入一个新阶段。

分配环节

收入分配是生产过程中的一个重要环节，是连接生产和消费之间的桥梁。生产环节所生产的所有商品能否在消费环节实现完全的价值交换，合理的收入分配起到了决定性的作用。财富的生产与分配是经济学中永恒的话题。公平需要以效率为基础，而没有公平的效率必然会形成两极分化，影响社会稳定。我国以按劳分配为主体的分配制度体现了对劳动力的尊重，同时我国兼有按生产要素进行分配的制度，体现了充分遵循市场经济规律的市场分配机制。合理的初次分配机制有助于优化收入结构与消费结构，激活潜在的消费需求，而合理的再分配机制有助于降低由非完全竞争的市场结构形成的内在收入不均衡性。党的十八大报告指出："初次分配和再分配都要兼顾效率和公平，再分配更加注重公平……完善劳动、资本、技术、管理等生产要素按贡献参与分配的初次分配机制，加快健全以税收、社会保障、转移支付为主要手段的再分配调节机制。”因此，在国内大循环体系的搭建中，合理的分配机制起到了缩小收入差距、调整收入结构与消费结构、促进消费环节畅通等重要作用。而我国目前处于市场机制与再分配机制的不断完善中，收入分配过程中仍然存在以下困境。

第一，在初次分配中，居民部门的总收入占比整体处于下降趋势。初次分配中涉及的部门有住户部门、政府部门、企业部门（包括金融企业与非金融企业）。其中，政府部门与企业部门是生产部门，住户部门是以消费为主的居民部门。企业部门的收入来源包括增加值与财产收入；政府部门的收入来源包括增加值、税收与财产收入；住户部门初次分配的收入来源主要是劳动报酬。因此，国民收入在三个部门之间的分配在一定程度上体现了劳动报酬与其他要素报酬的分配比例。当住户部门的收入分配上升时，意味着劳动报酬占初次分配的比例上升。

表 3.5 是 2000—2018 年各部门初次分配收入总额，各个部门总收入总体上不断增长，与我国快速增长的国民收入相匹配。图 3.4 是各个部门初次分配总收入占比的变化趋势。在三个部

门中，住户部门的收入占比最高，为 60% 左右；其次是企业部门，目前达到了 25% 左右；政府部门占比为 15% 左右。而结合表 3.6，2000—2018 年，企业部门的初次分配收入占比显著上升了 6.3 个百分点，政府部门基本持平，而住户部门却下降了 6 个百分点。基于我国的劳动报酬率在国际上处于相对较低水平这一基本事实，进一步下降可能对劳动力收入造成不利的挤压。因此，在初次分配环节，居民收入比例的下降是我国分配环节中面临的主要困境之一。

表 3.5　各部门初次分配总收入（亿元）

年份	住户部门	政府部门	金融企业	非金融企业
2000	65 811.00	12 865.20	794.40	18 529.92
2001	71 248.72	13 697.28	1 504.54	21 617.68
2002	76 801.57	16 599.95	2 027.70	23 666.49
2003	86 512.46	18 387.52	2 944.75	27 132.28
2004	97 489.67	21 912.66	3 071.90	36 979.34
2005	112 517.06	26 073.94	3 494.24	41 532.18
2006	131 114.93	31 372.99	5 223.88	48 192.56
2007	158 805.28	39 266.86	6 824.39	61 525.47
2008	185 395.44	46 549.14	9 476.51	74 609.24
2009	206 544.03	49 606.34	10 894.40	73 275.18
2010	241 864.51	59 926.74	14 582.48	83 385.82
2011	284 282.94	72 066.93	17 358.58	94 853.93

续表

年份	住户部门	政府部门	金融企业	非金融企业
2012	319 462.37	80 975.88	20 753.02	97 023.47
2013	353 759.88	88 745.04	19 865.78	120 826.03
2014	387 473.11	98 266.40	21 909.25	137 142.34
2015	417 991.95	102 617.78	30 227.35	135 612.56
2016	453 841.98	107 124.82	37 624.27	142 007.61
2017	496 672.42	115 071.56	41 083.96	167 271.59
2018	559 446.47	116 897.97	33 269.03	204 713.63

数据来源：中国国家统计局。

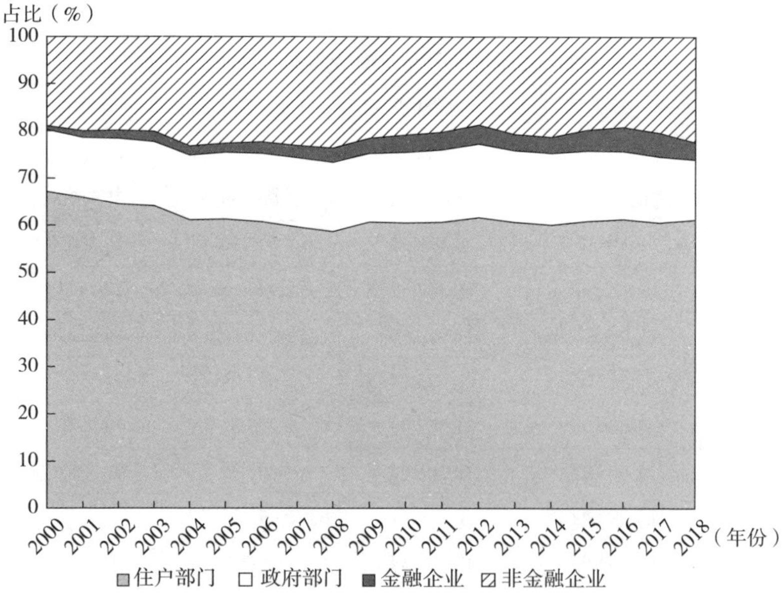

图 3.4　2000—2018 年国内各部门初次分配总收入占比

数据来源：中国国家统计局，作者计算得出。

表 3.6 各部门初次分配占比变化（%）

年份	住户部门	政府部门	企业部门
2000	67.2	13.1	19.7
2018	61.2	12.8	26.0
2000—2018	–6.0	–0.3	6.3

数据来源：国家统计局，作者计算得出。

第二，可支配劳动报酬比重下降。从最终流向来看，国民收入可分为劳动报酬、资本报酬、生产税净额与混合收入。图 3.5 显示了 2000—2018 年四类收入占 GDP 比例的变化趋势。其中，劳动报酬呈现出轻微的“U 形趋势”，从 2003 年开始出现明显的下降趋势，直到 2012 年开始回升。资本报酬比例不断扩大，在 2012 年达到高峰。劳动报酬占比下降与居民部门在初次分配中出现下滑的现象也保持一致。

进一步将劳动报酬分解为可支配劳动报酬、个人所得税、社会保险缴款时可以发现，可支配劳动报酬占比自 2000 年以来显著下降，个人所得税比例与社会保险缴款比例皆逐年上升（见图 3.6）。

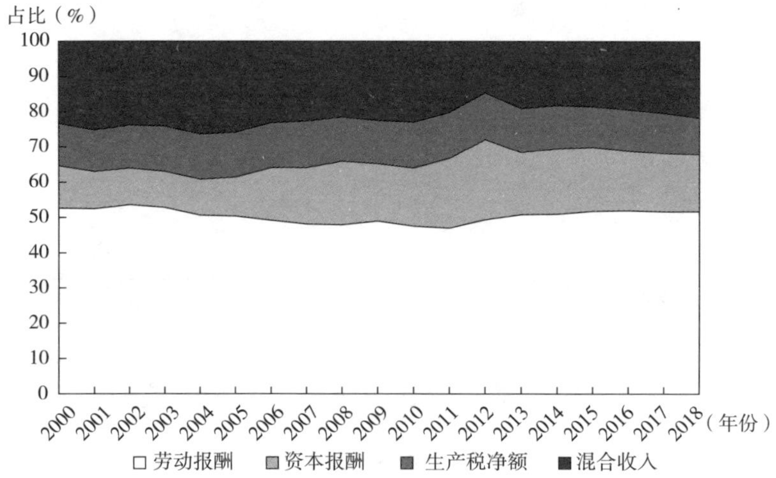

图 3.5　2000—2018 年四类国民收入占 GDP 份额

数据来源：中国国家统计局，作者计算得出。

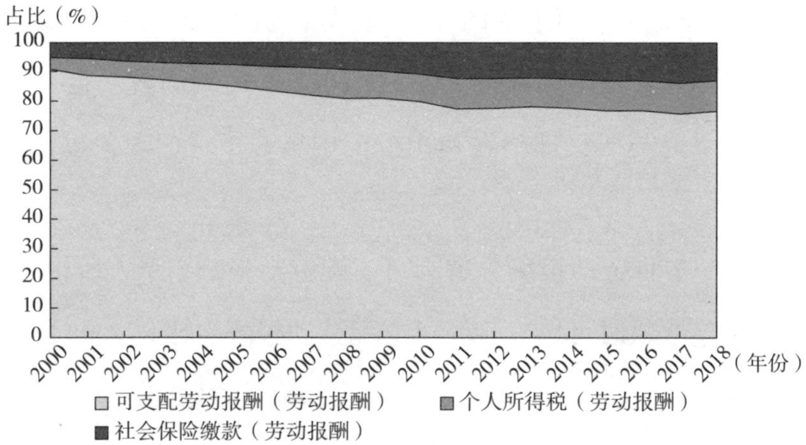

图 3.6　2000—2018 年中国居民劳动报酬结构

数据来源：中国国家统计局，作者计算得出。

劳动报酬自2012年以来有所回升，可能的原因之一是个人所得税与社会保险缴纳份额的上升。尽管如此，劳动报酬中真正可以被居民进行自由支配的比例却在大幅减少，从2000年的91%下降至近年的77%。

第三，再分配力度不足，仅在政府与企业部门之间进行，向居民部门倾斜有限。初次分配是在市场机制下基于各要素的参与程度进行收入分配，难免存在不公平的现象。再分配则是通过税收、社会保障机制等将收入在各个部门之间进行分配调整。表3.7中展示了三部门分别在初次分配收入占比、最终可支配收入占比以及再分配过程中调整的收入占比。在初次分配中，企业部门收入占比逐年攀升，自2000年的19.72%上升至2018年的26.03%，住户部门收入占比显著下降，政府部门收入占比持平。

自2012年以来，我国加快健全以税收、社会保障、转移支付为主要手段的再分配调节机制，三部门之间的再分配过程更加明显。然而，再分配过程更多体现在企业与政府之间的收入调整。截至2018年，再分配过程对企业初次分配时收入比例的调整大约为4个百分点，对政府部门的调节为5个百分点，对居民收入的调节不足1个百分点。因此，对于居民部门的再分配过程更多体现在内部结构的调整，而非总量的调整。但基于前文对我国居民初次分配中的收入占比与可支配劳动报酬分析，居民部门不仅需要内部的分配均衡，同时也需要总量调整。

表 3.7　各部门初次分配与再分配比例（%）

年份	住户部门			政府部门			企业部门		
	初次分配收入占比	可支配总收入占比	再分配	初次分配收入占比	可支配总收入占比	再分配	初次分配收入占比	可支配总收入占比	再分配
2000	67.15	67.54	0.38	13.13	14.53	1.40	19.72	17.94	−1.78
2001	65.93	66.07	0.14	12.67	15.01	2.33	21.40	18.92	−2.47
2002	64.49	64.43	−0.06	13.94	16.23	2.29	21.57	19.34	−2.23
2003	64.09	63.97	−0.12	13.62	16.09	2.46	22.28	19.94	−2.34
2004	61.14	61.05	−0.09	13.74	16.43	2.69	25.12	22.51	−2.61
2005	61.28	60.84	−0.43	14.20	17.55	3.35	24.52	21.60	−2.92
2006	60.73	60.25	−0.48	14.53	18.21	3.68	24.74	21.54	−3.20
2007	59.61	58.89	−0.72	14.74	19.01	4.27	25.65	22.10	−3.56
2008	58.66	58.28	−0.38	14.73	18.98	4.25	26.61	22.74	−3.86
2009	60.69	60.53	−0.16	14.58	18.28	3.70	24.73	21.19	−3.54
2010	60.50	60.40	−0.10	14.99	18.41	3.42	24.51	21.19	−3.32
2011	60.67	60.78	0.11	15.38	19.19	3.81	23.95	20.03	−3.92
2012	61.65	61.99	0.35	15.63	19.54	3.91	22.73	18.47	−4.26
2013	60.66	61.29	0.63	15.22	18.94	3.73	24.12	19.77	−4.36

续表

年份	住户部门			政府部门			企业部门		
	初次分配收入占比	可支配总收入占比	再分配	初次分配收入占比	可支配总收入占比	再分配	初次分配收入占比	可支配总收入占比	再分配
2014	60.09	60.65	0.56	15.24	18.85	3.61	24.67	20.50	−4.17
2015	60.89	61.64	0.75	14.95	18.55	3.60	24.16	19.81	−4.35
2016	61.28	62.10	0.82	14.46	17.89	3.42	24.25	20.01	−4.25
2017	60.56	60.85	0.29	14.03	17.96	3.93	25.41	21.19	−4.21
2018	61.19	59.43	−1.76	12.79	18.73	5.95	26.03	21.84	−4.19

数据来源：中国国家统计局。

第四，居民收入差距扩大。居民收入差距是一个社会问题，对社会稳定具有直接影响。在改革开放以来快速发展的40年中，我国逐步显现出收入差距不断拉大的现实问题。贫富分化不仅带来社会隐患，还会进一步腐蚀消费潜力，破坏市场稳定性，加剧分配扭曲。当分配不平衡的现象较为严重时，“中等收入陷阱”的风险便会加大。在过去10年，我国基尼系数居高不下，基本维持在0.46左右（见表3.8）。基尼系数代表了一国的收入不均程度，国际警戒线为0.4。

表 3.8　2012—2019 年中国基尼系数

年份	2012	2013	2014	2015	2016	2017	2018	2019
基尼系数	0.474	0.473	0.469	0.462	0.465	0.467	0.468	0.465

数据来源：中国国家统计局。

国家统计局将全国居民收入按照从高到低分为五等份，分别是最高收入组、较高收入组、中等收入组、较低收入组和最低收入组，每组人数占总人数的 20%。计算每组收入总额占人均可支配收入的份额，如图 3.7 所示，20% 的最高收入组的收入总额占人均可支配收入的 50% 左右，高收入组（最高收入 + 较高收入）收入总额占比达到 70%。也就是说，40% 的人口占有 70% 的国民收入，60% 的人口占有的收入不足人均可支配收入的 30%。这一收入结构同样分别出现在城镇居民与农村居民收入中，比例基本一致。而该收入差距自 2013 年至今没有显著变化，说明我国收入不均衡的现象存在长期顽固的特征。与此同时，我国城镇居民人均可支配收入、农村居民人均可支配收入自 2013 年至今持续增长，二者之差也在不断扩大，由 17 037 元 / 年（2013 年）增加至 26 338 元 / 年（2019 年），见表 3.9 和图 3.8 所示。

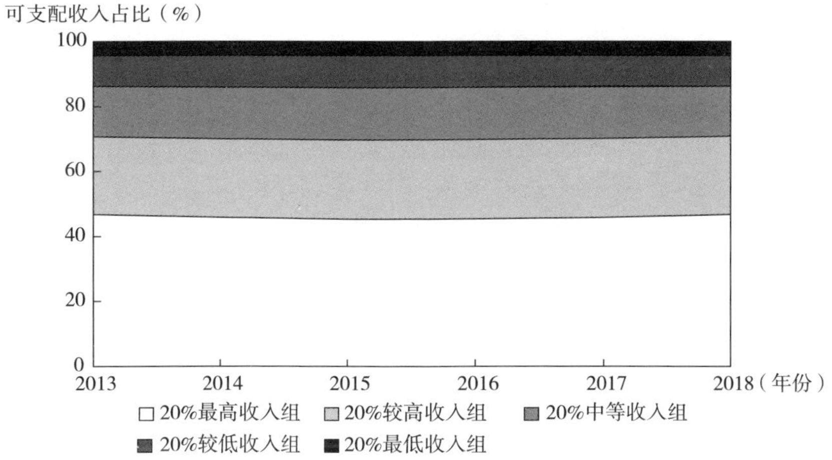

图 3.7　2013—2018 年全国居民按五等份分组的人均可支配收入

数据来源：中国国家统计局。

表 3.9　2019 年居民按五等份分组的人均可支配收入

组别	平均收入（元）			收入份额（%）		
	全国	城镇	农村	全国	城镇	农村
最高收入组（20%）	70 639.50	91 682.60	36 049.40	46.75%	40.78%	43.03%
較高收入組（20%）	36 471.40	52 907.30	19 732.40	24.14%	23.54%	23.55%
中等收入组（20%）	23 188.90	37 875.80	13 984.20	15.35%	16.85%	16.69%
较低收入组（20%）	14 360.50	26 783.70	9 754.10	9.50%	11.91%	11.64%
最低收入组（20%）	6 440.50	15 549.40	4 262.60	4.26%	6.92%	5.09%

数据来源：《中国统计年鉴 2020》。

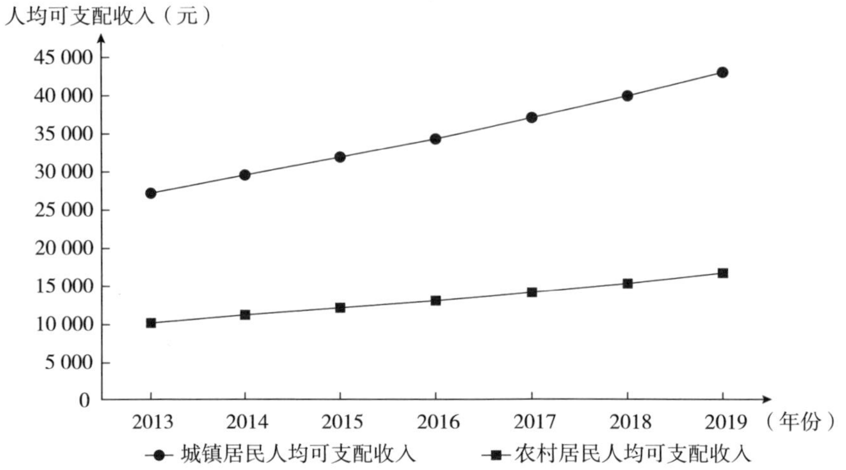

图 3.8　2013—2019 年国内城镇、农村人均可支配收入

数据来源：中国国家统计局。

世界银行在 2006 年的《东亚经济发展报告》中提出“中等收入陷阱”的概念。中等收入陷阱是指一些国家在经历了快速的经济增长，人均收入达到中高等水平后，由于内生增长动力减弱，以及之前的经济增长模式无法适应当前的变化，在经济社会的矛盾发生转变并集中体现后，这些国家的经济增速显著放缓，并在较长时间内处于增长回落的阶段，始终无法跳跃至更高水平的增长路径。

收入分配不均衡是中等收入陷阱的主要原因之一。具体而言，分配不平衡产生较大的贫富差距，低收入群体基数不断增大，而低收入群体的边际消费倾向远高于高收入群体。因此，一方面，低收入群体比例增加致使国民整体需求下降；另一方面，高收入群体相较于低收入群体对产品质量与技术升级有较高要求。低收入群体比例较高，不利于对市场的自主创新与技术升级产生有效需求刺激。而中等收入陷阱与分配不均的问题往往会成为恶性循环。很多拉美国家及亚洲国家在摆脱贫困陷阱进入中等收入阶段后，较长时间内都徘徊在中等收入国家行列,迟迟无法转型为高收入国家。若想在国内建立通畅的大循环，保持较高的经济增速，维持强有力的消费需求，收入差距扩大的问题亟待解决。

分配不均的问题往往由初次分配与再分配不均产生。初次分配存在以下导致分配不均的因素。第一，在产能过剩时期，长久存在相对过剩的劳动力，财富必定向资本一方倾斜。第二，在要素价格扭曲的情况下，当资本价格被人为压低时，财富会进一步向资本倾斜。第三，当一些稀缺资源，例如土地、自然资源通过非市场因素来进行分配时，初次分配的收入差距会进一步加大。因此，要素价格的市场化改革是改善初次分配的重要板块。与此同时，再分配也需要考虑到贫富收入差距，避免出现再分配中的马太效应，从而不断完善社会保障资源分配机制。

流通环节

流通环节的通畅是保证国内循环畅通无阻的重要保障，具体体现在物流系统健康有效的搭建以及成本、风险的有效控制。全球各国对商品流通环节,尤其是物流环节的重视程度越来越高。《中国物流统计年鉴》（2019）显示，我国 2018 年物流费用占 GDP 比重高达 14.8%，高出全球平均水平 6.5 个百分点，高出美国、日本和德国 9.5 个百分点（2013 年）。长期以来，我国物流成本较高，这主要与物流发展水平有关。虽然我国物流设施近几年有较大的提升，但与西方发达国家相比，物流公益性质较弱，仍然存在高昂的公路费用与交通运输成本。相关研究表明，高昂的公路收费会极大地降低公路交通网络运行的效率，显著增加运输成本。

随着贸易全球化的不断发展，国内物流与国际物流存在极强的联动性，物流能力也成为促成国际贸易的重要因素。世界银行从海关运输成本、物流基建设施、国际货运能力、货运质量、货运追踪能力、时效性六个方面构建了用以横向比较各国物流能力的物流指标 LPI（Logistics Performance Index）。物流成本一直以来因无法直观衡量，被看作“冰山成本”，LPI 通过对物流变量进行多方计算，对各国在国内、国外贸易中的物流能力进行全面评估。在 167 个国家中，德国的物流能力最强，排名前 10 的国家有英国、新加坡、日本、美国等。我国物流能力排名第 27 位，在六个指标中表现相对较好的是国际货运能力。

图 3.9 为中国、美国、日本、德国等 12 个主要贸易国家在 2018 年的人均 GDP 增长率与 LPI 的对比。显然，我国人均 GDP 增长率在 12 个国家中最高，远远高于其他国家，但 LPI 指数较低，而人均 GDP 增长率较低的德国的 LPI 指数却最高。世界银行数据显示，德国近 10 年的物流指标 LPI

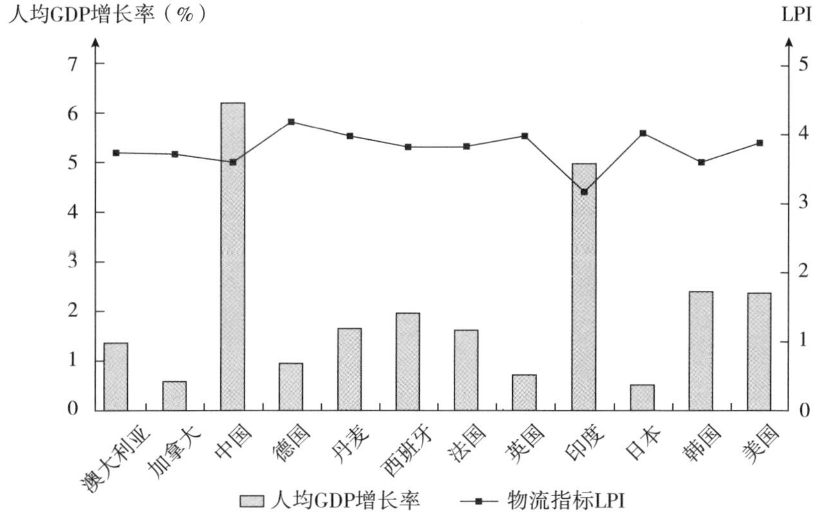

图 3.9　2018 年各国人均 GDP 增长率与 LPI 对比

数据来源：世界银行。

都排在世界第一。美国、日本、加拿大等国的LPI都优于我国，但人均GDP增长率皆低于我国。由此看来，我国在流通领域的改进仍然存在较大空间。

要素市场

要素市场中涉及劳动力、资本、土地、技术等生产要素的配置。要素市场的资源配置体现了经济体的市场化竞争程度与资源优化机制。我国长期存在要素市场化改革滞后的问题，这也是全要素生产率相对落后的核心原因。中国的市场化改革在要素市场与商品市场之间存在显著的异质性：要素市场存在显著的价格扭曲，市场化改革明显滞后于商品市场。

具体而言，要素市场的资源配置问题主要体现在以下几个方面。一是体现在要素市场存在二元结构，尤其是劳动力市场。二是体现在要素无法实现自由流动，例如土地资源配置过程中存在明显的政府主导下的价格扭曲，以国企为主要载体的资本在市场中的配置也存在严重的错配与浪费。三是体现在要素价格的扭曲，多种要素仍然存在非市场化配置，价格无法体现真实的市场供需结构，降低了要素的配置效率。2020年《中共中央、国务院关于构建更加完善的要素市场化配置体制机制的意见》指出，坚持以供给侧结构性改革为主线，坚持新发展理念，坚持深化市场化改革、扩大高水平开放，破除阻碍要素自由流动的体制机制障碍，扩大要素市场化配置范围，健全要素市场体系，推进要素市场制度建设，实现要素价格市场决定、流动自主有序、配置高效公平，为建设高标准市场体系、推动高质量发展、建设现代化经济体系打下坚实制度基础。

在资本市场方面，我国资本要素市场的改革主要体现在利率市场化的推进与各金融市场的改革。随着金融市场的逐渐发展，自 1996 年开放同业拆借市场利率后，我国迈出了利率市场化的第一步。利率市场化极大地促进了资本在不同行业及市场中的有效配置，股票、债券等主要金融市场也进一步促进了资本的流动性，加速了资本的转换与配置，更好地服务了实体经济。

自改革开放以来，虽然金融市场化改革有重要的突破，但资本要素的配置机制仍然存在某些堵点。

首先，利率市场化与金融市场化都在极大程度上依赖完善的信贷来确保较低的系统性风险，因此我们需要一个健康且完备的金融市场。而目前金融市场仍然存在普遍的信息不对称，从而造成极大的风险隐患。市场化利率与非市场化利率并存，利率政策透明度较差，因此基于市场化利率进行资本配置仍然存在低效的特征。

其次，资本市场存在明显的市场分割，资本流动性较差，资本要素供需结构扭曲。例如银行存款仍然存在基准利率，货币市场利率则由市场来决定，这使得中小企业常常面临“融资难”“融资贵”的现象。市场分割与融资结构的失衡会加大资金成本，从而降低资本配置的有效性。2020年《中共中央、国务院关于构建更加完善的要素市场化配置体制机制的意见》中针对资本要素市场化改革提出了完善股票市场基础制度、加快发展债券市场、增加有效金融服务供给、主动有序扩大金融业对外开放等具体要求。

在土地市场方面，由于土地资源较为特殊，其使用需要考虑到土地资源保护、土地资源的稀缺性及其使用时的集约性。长期以来，政府在土地资源配置中都发挥着重要的作用，这也使得土地要素的市场化进程较慢。土地市场长期缺乏有效的竞争机制，尚未形成市场化的交易价格与机制。

随着供给侧改革的推进，以及我国高质量发展对技术创新及市场化改革要求的不断提高，土地要素市场化改革滞后的问题开始逐渐凸显。首先，城乡未形成统一的土地要素市场，目前仍然存在显著的二元结构，不利于进一步缩小贫富差距。其次，宅基地交易市场不完善，产权制度不明晰，目前缺乏资产盘活的功能，这进一步加剧了土地市场二元结构的问题。最后，产业用地市场化配置效率过低。产业用地是通过土地的使用权出让来实现的，而当前的土地出让机制缺乏弹性与市场化机制。大多数产业用地的出让年限是30~50年，土地租赁周期长，出让效率低，企业常常需要支付高额的土地成本，这使土地作为固定资产的使用效率严重受限。因此，当前的土地配置方式很难满足各行各业的差异化需求。

劳动力市场上同样存在显著的二元分割，尤其体现在收入分配的不均衡发展方面。劳动力市场二元分割阻碍了劳动力要素的自由流动，不利于劳动力要素的有效配置。劳动力在农业与非农业之间的配置体现了一国的经济增长模式，劳动力从农业向非农业的流动是一个持续优化的过程。劳动力要素的自由流动可以使劳动力在农业与非农业中实现有效配置，从而提升生产率。而我国目前面临着城乡发展不平衡、城乡劳动力存在严重错配的现象，劳动力市场同时存在着招工难与求职难的情况。劳动力市场存在的结构性错配会导致失业扩大与全要素生产率的低下。很多高技能劳动力被垄断企业或国有企业吸收，不利于市场的创新与技术发展。

技术要素市场面临的配置问题主要体现在：我国目前缺乏统一的技术转移与技术共享平台，要素的流动机制并未真正实现。一方面是因为我国科技能力以及技术要素市场发展滞后，另一方面是因为有些行业仍然不够重视技术要素。

具体而言，技术要素的市场化首先需要完备的技术价值评估体系。我国对于技术作为要素在市场上进行交易机制的认知仍然处于起步阶段，如何对技术进行价值评估，以及如何建立统一的标准，目前尚未有统一的定论。当前，以技术为要素进行交易的方式仍然依附于企业价值，作为股份进行投资与交易，技术并未作为单独的要素脱离出来，这就意味着金融市场的发展将极大地制约技术的转移与交易。技术要素的市场化改革仍然面临较多阻力。

与此同时，技术要素的需求与供给也存在明显的错配问题。一项技术从理论研究到实验探索，再到最终的产品应用，具有较长的周期，需要大量的资金供给与支持。市场上对于技术的需求大多来自企业，在技术市场不完全的阶段，企业依赖内设的科研团队，与科研团队为雇佣关系。这种合作关系大多以营利为目的，不适用于较长的开发周期。由于技术要素的特殊性，目前的技术供给方主要是高校和研究所，其资金来源大多是政府，因此技术供给方主要对政府负责。而政府与市场对技术的需求往往存在显著的差异，这就形成了技术要素市场上真正的需求方与供给方的错配。大量的技术供给无法有针对性地对接到需求方，而需求方的资金支持也无法通过合理的市场化机制注入供给方。技术要素市场化的滞后将极不利于技术创新的发展与应用。

第二节　国外循环问题的堵点

逆全球化与疫情加剧全球供应链的调整

当今世界处于百年未有之大变局。在疫情暴发之前，以西方发达国家为首的贸易保护主义逐渐抬头、逆全球化趋势显现、中美贸易摩擦加剧、全球经济相对低迷等诸多因素，都在推动着全球供应链格局的再调整。而在疫情暴发之后，各国加大对进出口的管制，各国经济遭受重创，全球贸易皆出现不同程度的停滞与受损，进一步加剧了供应链的调整以及国际贸易的不确定性。我国作为世界第二大经济体与“世界工厂”，在全球供应链中承担着不可或缺的角色。全球进口额的20%来自我国，世界90%的个人计算机与70%的手机均产自我国。全球供应链格局的调整对我国既是机遇，也是挑战。

首先，本轮全球供应链的调整起始于西方发达国家主导的贸易保护主义抬头。在中美贸易摩擦中，美国通过对中国进口商品加征高额关税限制中国出口，人为设置贸易壁垒，并通过技术封锁等措施来遏制中国产业的升级与发展。高额关税壁垒在短期内必然会加剧我国出口成本。为应对西方发达国家的强势措施，我国需要积极调整产业结构与供应链结构，而贸易摩擦又会进一步提升调整成本。

其次，自从特朗普执政后，美国进一步推行“制造业回流”的贸易保护政策，该回流政策对我国国内产业会产生直接影响。疫情的发生可能会进一步加剧制造业供应链向外转移。美国不仅直接要求本国企业进行回撤，同时还通过高额的关税倒逼其他国家在华企业向外转移。受到中美贸易摩擦影响，日本企业三菱电机、东芝纷纷迁回日本。与此同时，其他国家如越南、印度尼西亚、柬埔寨、印度等国利用其廉价的劳动力以及其他生产要素，纷纷运用优惠政策吸引外资，进一步削弱了我国在全球供应链体系中的竞争地位。

最后，发达国家对我国进行技术封锁，限制本国企业向我国出口相关技术与产品。受制于“卡脖子”技术，我国在很多产业领域都高度依赖进口零部件与相关技术。虽然我国近几年在科技领域已实现长足的进步，但仍然有一些产业面临着技术堵点无法突破的困境。例如，电子信息行业、汽车、新能源、人工智能、科技医疗等领域皆存在显著的短板与空白。自 2018 年中美贸易摩擦爆发以来，美国多次以“国家安全”为由对我国进行技术封锁，以及对相关企业进行制裁，致使我国在一些重要产业领域（例如电子芯片、晶体管等）频频面临零部件断供的风险。短期内我们可以通过调整产业结构，加大国内技术研发与备选技术运用来进行风险应对，但在长期建立通畅的外循环、进一步加深国内产业升级的过程中，我们仍然面临明显的挑战。

我国在全球价值链分工体系中整体仍处于中低端位置

长期以来，我国一直整体处于全球价值链的低端——从日本、韩国等国进口复杂的零部件，通过加工形成产成品进行出口。在进口的通信技术零部件中，有三分之二来自其他亚洲工厂以及欧洲、南美等国家，我国对这些零部件组装后将其销往各国。在这个过程中，我国对于出口产品的价值贡献率仅有出口额的 50%。虽然我国是出口大国，但真正贡献的价值增值部分却不高。中国已成为传统贸易和简单全球价值链网络的重要一环，而美国和德国仍是复杂全球价值链网络中最重要的枢纽。例如在中美两国计算机、电子、光学仪器的贸易中，价值链的分工表明我国在科技领域的贡献度依旧较低。如表 3.10 所示，列（1）是总出口额，列（2）是价值增加额，列（2a）是国内价值增加额中被贸易伙伴直接吸收的部分，列（2b）是国内价值增加额中最终被第三方吸收的部分，列（3）是国内价值增加额最终流回本国作为本国消费的一部分。将出口部分分解后，我们可以清晰地看到我国在全球价值链中的具体贡献度。

表 3.10 中列（2）显示，2000 年在所有我国至美国的出口额中，仅有 24.8% 来自我国所创造的价值增值，这个比例在我国加入 WTO 后逐年攀升，但至今仍然低于 50%（2014 年）。而在所有出口至美国的货物与服务中，来自第三国创造的价值增值［（6）+（7）：OVA+ODC］高达 64.6% 以上。我国虽然是美国最大的进口来源国，但从价值创造来说，对出口至美国的产品价值增值的贡献度很低。我国仅仅是将进口至本国的零部件进行加工后出口至美国，这个过程的参与度并不复杂，进一步说明了我国仍然处于价值增值链的较低端水平。相比之下，在美国出口至中国的产品服务中，美国所创造的价值增值在 2000 年就达到了 64.2%，在 2014 年更是上升至 74%。而来自第三国的价值增值仅占不到 20%，在 2014 年只有 8.3%［（6）+（7）：OVA+ODC］。

表 3.10 贸易增值的价值分解

年份	价值或份额	TEXP（1）=2+3+4+5+6+7	VAX_G（2）=2a+2b	DVA_DIR（2a）	DVA_IND（2b）	RDV_G（3）	DDC（4）	MC（5）	OVA（6）	ODC（7）
中国对美国出口										
2000	价值（百万美元）	17 553	4 356	3 652	704	21	64	1 785	9 385	1 942
	份额（%）	100	24.8	20.8	4	0.1	0.4	10.2	53.5	11.1
2007	价值（百万美元）	94 153	33 869	29 826	4 043	195	1 003	6 229	47 502	5 356
	份额（%）	100	36	31.7	4.3	0.2	1.1	6.6	50.5	5.7
2014	价值（百万美元）	166 296	76 573	67 422	9 151	675	2 537	9 301	69 035	8 176
	份额（%）	100	46	40.5	5.5	0.4	1.5	5.6	41.5	4.9
美国对中国出口										
2000	价值（百万美元）	5 362	3 441	2 504	936	572	139	46	725	440
	份额（%）	100	64.2	46.7	17.5	10.7	2.6	0.9	13.5	8.2
2007	价值（百万美元）	13 930	9 182	4 891	4 291	2 016	237	427	886	1 182
	份额（%）	100	65.9	35.1	30.8	14.5	1.7	3.1	6.4	8.5

续表

年份	价值或份额	TEXP (1)=2+3+4+5+6+7	VAX_G (2) =2a+2b	DVA_DIR (2a)	DVA_IND (2b)	RDV_G (3)	DDC (4)	MC (5)	OVA (6)	ODC (7)
2014	价值（百万美元）	25 054	18 544	11 099	7 445	3 346	317	754	1 033	1 061
	份额（%）	100	74	44.3	29.7	13.4	1.3	3.0	4.1	4.2
美国从中国净进口										
2000	价值（百万美元）	12 191	915	1 148	–232	–551	–75	1 739	8 661	1 502
	份额（%）	100	7.5	9.4	–1.9	–4.5	– 0 . 6	14 . 3	71.0	12.3
2007	价值（百万美元）	80 223	24 687	24 935	–248	–1 821	765	5 802	46 616	4174
	份额（%）	100	30.8	31.1	–0.3	–2.3	1.0	7.2	58.1	5.2
2014	价值（百万美元）	141 242	58 029	56 323	1 706	–2 671	2 220	8 547	68 002	7 114
	份额（%）	100	41.1	39.9	1.2	–1.9	1.6	6.1	48.1	5.0

数据说明：TEXP 为总出口额；VAX_G 为出口额中的价值增值（不包括流回本国的价值）；DVA_DIR 为直接被贸易伙伴吸收的出口额中本国的价值增值；DVA_IND 为出口至贸易伙伴的产品服务，并最终被第三方国家吸收的本国的价值增值；RDV_G 为出口至贸易伙伴，但最终流回并被本国消费的本国价值增值；DDC 为重复核算的来自本国的要素；MC 为重复核算的来自贸易伙伴的要素；OVA 为在出口至贸易伙伴的出口额中来自第三方国家价值增值；ODC 为重复核算的第三方国家的要素。

数据来源：《2019 年 WTO 价值链报告》。

MC+OVA+ODC之和组成了中国出口额的大部分，高达80%，这意味着中国主要通过进口美国以及第三方等上游产业的产品，通过加工后再进行出口。

基于价值链的角度，我们进一步考察美国进口额中的中国增值部分。如表3.10第三部分所示，中国增值部分在2000年仅有7.5%，这一比例自加入WTO后快速上升，2007年达到30.8%，但之后增速明显放缓，2014年仍然低于50%。这与我国是美国第一大进口国的地位并不匹配。美国处于全球价值链的顶端，不仅与中国存在这样的贸易不平衡现象，与其他国家也存在同样的现象。例如，美国向德国的出口产品中很多都是通过加工后再次出口至德国的，但在美国从德国的净进口额中，德国的价值增值部分占到了80%，远高于中国的50%。

因此，从价值链的角度来看，中美贸易中的价值创造贡献度存在显著的不对称。美国依然处于价值链创造的领先地位，而中国虽然自加入WTO以来在国际贸易方面的参与度较高，出口额也连年攀升，但长久以来仅仅处于价值链的“加工”地位，国内价值增值额比例始终处于较低的水平，大量的零部件、产成品都是来自第三方国家，出口过程中的本国价值输出极少。总之，在信息通信技术产业的贸易中，美国进口的信息通信技术产品中有60%（2014年）来自中国，但第三方国家在要素供给方面却占到了50%以上的价值创造，这说明第三方国家主要在中国完成产品加工阶段，并重新将它们的产品二次出口至美国。

对外资吸引力结构性减弱

作为投资的重要组成部分之一，国际投资体现了一个国家的经济发展潜力，对经济发展具有强大的推动作用。在改革开放不断推进的过程之中，我国不断完善投资环境、优化投资政策，以不断吸引优质外资的流入（见表3.11）。从图3.10中可以看到，从2000年至2014年，我国外商直接投资持续增加，投资额绝对水平在2009年至2014年同美国持平，远高于英国的投资水平。然而近年来，我国对于外资的吸引力出现结构性降低现象。自2013年以来，我国外商直接投资水平持续走低，虽然在2018年小幅回升，但2019年再一次降低。从图3.11中也可以看到，2010年后我国外商直接投资占我国GDP的比重持续走低，从2010年的4%下降至2019年的不到2%。

表 3.11　各国外商直接投资（十亿美元）

国家	2012 年	2013 年	2014 年	2015 年	2016 年	2017 年	2018 年	2019 年
中国	241.21	290.93	268.10	242.49	174.75	166.08	235.37	155.82
英国	46.75	54.47	58.89	45.33	324.81	121.25	81.16	20.70
印度	24.00	28.15	34.58	44.01	44.46	39.97	42.12	50.61
日本	0.55	10.65	19.75	5.25	40.95	18.80	24.61	37.18
美国	250.35	288.13	251.86	511.43	474.39	367.00	261.48	351.63

数据来源：世界发展指数。

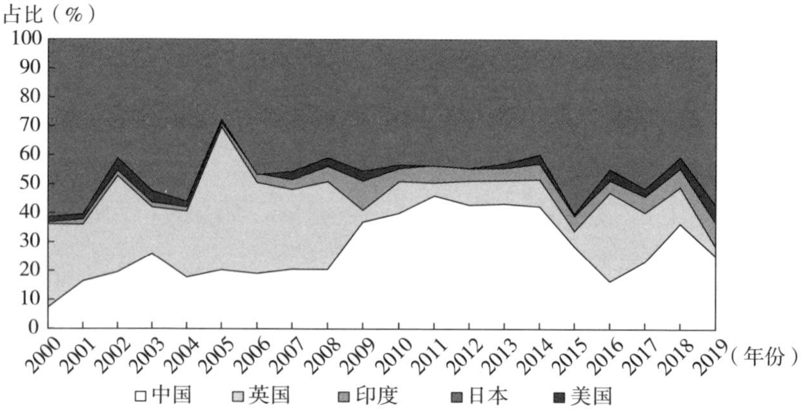

图 3.10　2000—2019 年各国外商直接投资占比

数据来源：世界发展指数。

我国产业结构的调整与升级在一定程度上推动了外资结构的调整。这表现为短期内外商投资增速放缓或总量下降，以及部分高级产业投资总量的增加。在改革开放初期，我国通过吸引外商投资盘活国内经济，刺激经济发展。早期，我国更加注重外商投资的数量，外资流入更多地表现出外延式增长，而非内涵式增长，投资多集中于制造业。然而近年来，随着经济增速的不断放缓，我国开始进入经济增速换挡时期，产业结构调整与升级、低端产业的不断淘汰以吸收过剩产能成为近年来的主要经济调整目标。在此大环境下，简单的外延式外资流入难以满足我国经济发展的需求，提高外商投资质量成为当务之急。

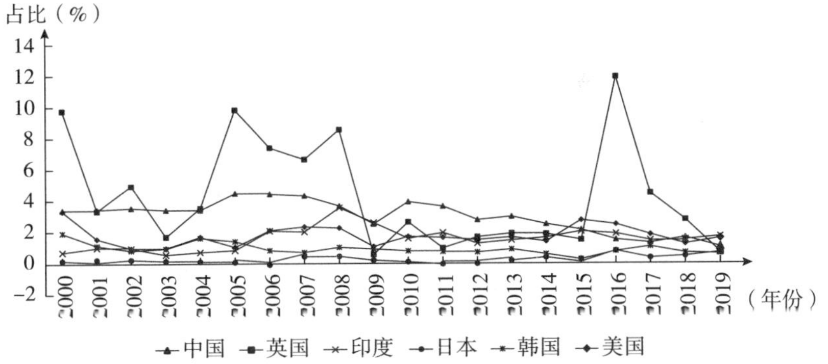

图 3.11　2000—2019 年国内外商直接投资 GDP 占比

数据来源：世界发展指数。

表 3.12 给出了 2005—2019 年我国部分行业年度外商直接投资项目数以及实际使用额。从表 3.12 中可以看到，2005 年制造业直接投资个数为 28 928 个，约占总投资个数的 2/3；而

到了 2019 年，制造业直接投资个数下滑至 5 396 个，约占总投资个数的 1/8。与之相对地，金融业与科技产业的投资个数从 2005 年的 40 个和 926 个分别上升至 2019 年的 865 个和 5 183 个。如果从实际使用额来看，制造业在 2011 年前期略有上升，但之后处于缓慢下降阶段，而金融业与科技产业经历了迅速增长（金融业于 2015 年之后存在下降趋势）。上述数据说明，我国产业结构的持续性调整导致外商投资在不同产业间的再分配，降低了部分产业的投资水平。在特定的产业结构下，这进一步导致我国外商投资水平的增速放缓，甚至是投资总量的降低。

除了产业结构调整导致的外资减少外，我国对外资吸引能力的减弱也存在多方面的原因。首先，我国在全球价值链分工体系中仍处于中低端水平，起初大多数外商直接投资主要为我国廉价的劳动力成本所吸引。在整个产业链条中，我国主要扮演加工制造的角色。在改革开放早期，我国城镇化水平低，农村闲置劳动力丰富。然而随着城镇化水平的不断提高，我国已经迈过刘易斯拐点。此外，随着人口年龄结构的不断演变，人口红利逐渐消失，我国开始逐步进入老龄化社会。

表 3.12　我国部分行业年度外商直接投资项目数与实际使用额

年份	直接投资项目数（个）				实际使用额（万美元）			
	全行业	制造业	金融业	科学研究、技术服务和地质勘查	全行业	制造业	金融业	科学研究、技术服务和地质勘查
2005 年	44 001	28 928	40	926	6 032 500	4 245 291	21 969	34 041
2006 年	41 473	24 790	52	1 035	6 582 100	4 007 671	29 369	50 413
2007 年	37 871	19 193	51	1 716	7 476 800	4 086 482	25 729	91 668
2008 年	27 514	11 568	25	1 839	9 239 500	4 989 483	57 255	150 555
2009 年	23 435	9 767	52	1 066	9 003 300	4 677 146	45 617	167 363
2010 年	27 406	11 047	85	1 299	10 573 500	4 959 058	112 347	196 692
2011 年	27 712	11 114	156	1 357	11 601 100	5 210 054	19 0970	245 781
2012 年	24 925	8 970	282	1 287	11 171 600	4 886 649	211 945	309 554
2013 年	22 773	6 504	509	1 241	11 758 600	4 555 498	233 046	275 026
2014 年	23 778	5 178	970	1 611	11 956 200	3 993 872	418 216	325 466
2015 年	26 575	4 507	2 003	1 970	12 626 700	3 954 290	1 496 889	452 936
2016 年	27 900	4 013	2 476	2 444	12 600 100	3 549 230	1 028 901	651 989
2017 年	35 652	4 986	1 742	3 391	13 103 500	3 350 619	792 119	684 373
2018 年	60 533	6 152	2 469	5 819	13 496 600	4 117 421	870 366	681 298
2019 年	40 888	5 396	865	5 183	13 813 462	3 537 022	713 206	1 116 831

数据来源：中国国家统计局。

上述因素共同造成了我国劳动力价格的不断提高。从图 3.12 中可以看到，2004—2019 年，我国城镇人均工资率水平与制造业人均工资率水平持续上升，在 16 年间平均增长率分别为 10.8% 和 10.5%。作为生产成本的重要组成部分，劳动力工资的提高在一定程度上抑制了外商的投资，降低了我国对外商投资的吸引力。事实上，国家统计局数据表明，截至 2017 年，印度尼西亚、马来西亚以及菲律宾的初等教育劳动力供给均维持在总劳动力供给的 45% 左右，且未表现出下降的趋势。这在一定程度上解释了为何近年来大量在华产品加工企业开始逐渐将工厂转移至劳动力价格更为低廉的东南亚国家，也解释了为何我国外资吸引能力不断降低。

其次，我国相对不完善的专利制度及其配套的法律基础抑制了外商投资的意愿，降低了我国对外商投资的吸引力。事实上，现有大量经济研究表明，知识产权保护力度的加强能够有效促进外商直接投资水平。近年来，随着产业结构的调整，我国对涉及高新技术产业的外商投资需求日益增加，而尖端产业部门的投资伴随着一系列的知识共享、技术转让等过程。在这一系列过程中知识产权能否得到有效保护是外商投资过程中重要的评估内容。

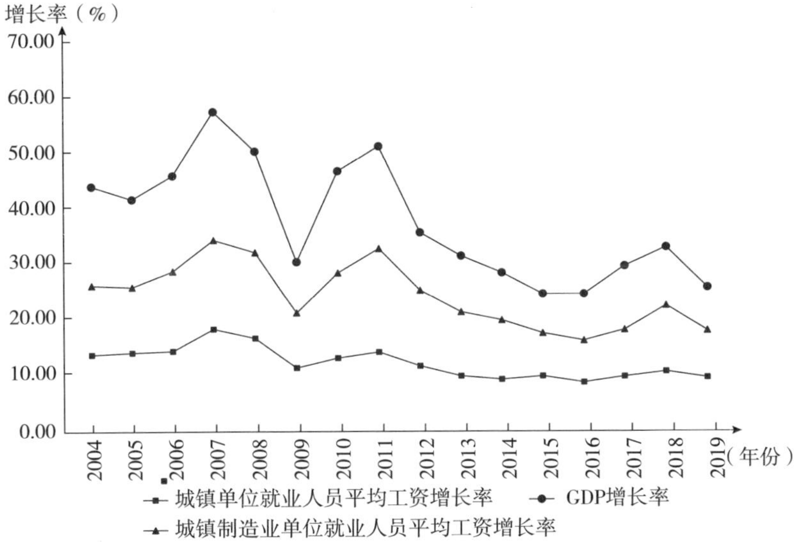

图 3.12　2004—2019 年国内城镇单位与城镇制造业单位平均工资增长率

数据来源：中国国家统计局。

最后，国际形势的不确定性也极大地抑制了外商投资的意愿。外商直接投资不仅受到投资主体公司的影响，更受到主体公司所在国家与被投资国家法律以及实施政策不确定性的影响。例如，近年来，美国积极推行制造业回流政策，企图将大型企业的制造工厂迁回美国，这在一定程度上降低了美国企业对中国的直接投资。此外，近年来，随着中美贸易摩擦的升温，美国对中国大量实体企业实施了制裁，不仅涉及我国本土企业，更波及了世界范围内部分其他国家的企业。在此情况下，外商投资受到了一定程度的限制。自新冠肺炎疫情暴发以来，世界局势充满不确定性，国家之间的交流受到多种物理层面的限制。上述种种因素均抑制了外商对我国直接投资的意愿，降低了我国对外商投资的吸引力。

第四章

如何实施“双循环”战略

第一节　供给侧结构性改革补齐内循环短板

供给侧结构性改革既强调供给也关注需求，既强调发挥市场在资源配置中的决定性作用，也关注更好地发挥政府作用，着力破解经济发展过程中需求侧改革不能解决的结构性矛盾。2008 年国际金融危机爆发以后，美国、日本、欧盟等主要经济体都采取了史无前例的量化宽松政策，大规模增加市场流动性，以冀振兴经济，但是从实际效果来看，全球经济复苏迟缓，需求侧改革治标不治本，没有从根本上解决经济增长背后的深层次结构性问题。

当前，我国经济发展正处在转变发展方式、优化经济结构、转换增长动力的攻关期，面临结构性、体制性、周期性问题交织叠加的困难和挑战，长期积累的结构性问题仍然突出，一些行业和产业的产能严重过剩，而大量关键装备、核心技术、高端产品还依赖进口，关键核心技术“卡脖子”问题更加突出，三大失衡问题——实体经济结构性供需失衡、金融和实体经济的失衡、房地产和实体经济的失衡——没有完全解决，新的供需结构性问题还在不断出现。我国产业总体上仍处于国际分工产业链、价值链中低端，供给体系质量不高，高端供给短板明显，创新能力不适应高质量发展要求。新冠肺炎疫情对我国供给和需求都带来冲击和影响，经济增长下行压力持续加大，但这种冲击和影响是外生性的，没有改变我国经济运行内在机理和长期向好的发展趋势，也没有改变我国经济结构中存在的供需不匹配问题。“十四五”时期供给侧结构性矛盾没有变，经济社会发展的主线及工作着力点就不能变，供给侧改革要持续进行。

深化供给侧结构性改革最终目的是满足需求及激发经济增长动力，主要手段是优化要素配备和调整生产结构，主攻方向是提高供给质量、增强核心竞争力，重点任务是补短板。补短板是攻克“卡脖子”技术、增强自主创新能力、化解供给侧结构性矛盾、推动经济高质量发展的必然要求。深化供给侧改革，必须以市场需求为导向，将需求侧牵引和供给侧改革统一起来。供给侧改革应当着力解决供给质量不行、效率低下的问题，通过既有针对性又有力度的政策支持，着力在关键核心技术攻关方面补短板，在实体经济有效投资领域补短板，在优化营商环境等制度供给方面补短板，在现代化基础设施建设方面补短板，在区域协调发展方面补短板。

第一，强化国家战略科技力量，健全社会主义市场经济条件下新型举国体制。

强化国家战略科技力量是世界强国提升科技实力的有效路径，是新时代实现我国科技自立自强、支撑全面建设社会主义现代化国家的必然选择，也是加快建设科技强国的重要任务，需要通过深化改革、创新机制、系统推进来实现，需要通过构建市场经济条件下关键核心技术攻关的新型举国体制来实现。所谓举国体制，就是在特定领域实现国家意志的一种特殊制度安排，结合社会主义国家集中力量办大事的优势，在新的时代背景下调动整合各主体凝聚国家力量，在新的重点领域实现发展突破。因此，我们要推进国家实验室建设，通过创新组织机制，加快国家实验室建设，支撑重要领域前沿突破，形成布局合理、治理有效、创新能力强的专业化分工格局；加强国家技术创新基地建设，强化产学研合作，鼓励地方发展新型研发机构；在中短期内通过制度的显著优势，很好地解决核心技术攻坚和产业链、供应链的安全问题，这里的核心技术主要指前沿技术、“卡脖子”技术或者具有完全知识产权的技术；强化新型举国体制顶层设计，充分调动和发挥各方面积极性、主动性、创造性，左右协同、上下联动，推动部门协作、中央和部门齐心行动、产学研用结合以及政企合作，打通制度壁垒，形成新型举国体制的强大合力；聚焦国家需求建立战略性任务决策机制，确立企业在关键核心技术攻关中的主体地位，培育一批技术领军企业，压实攻关责任，用好规模巨大的国内市场，创造有利于技术成果转化升级的市场环境，缩短科研成果转化为生产力的周期。

第二，建立科学的人才评价体系，针对“卡脖子”技术实施“揭榜挂帅”制度。

人才评价体系对于科技人才的培养、选拔、使用具有重要导向作用，健全以创新能力、质量、实效、贡献为导向的科技人才评价体系，对于充分调动科技人才积极性、主动性、创造性，促进科技人才潜心研究与创新，以及推动实现创新驱动发展具有重要意义。

我们需要从以下四个方面来展开行动。第一个方面是遵循科研规律和创新发展需要，推进科研院所、高校和企业科研力量优化配置和资源共享，组织一线专家从现实需求中抽象出科学和技术问题，推动科技人才评价因子转向创新能力、质量、实效、贡献导向，破除“唯论文、唯帽子、唯职称、唯学历、唯奖项”的“五唯”评价体系，有效发挥同行、用户、市场、社会等多元评价主体作用，赋予高校更大的办学自主权，扩大国际高校交流，培养一批敢于创新、有国际视野的高素质人才。

第二个方面是建立与科技活动属性相适应，按照创新能力、质量、实效、贡献导向分类设置的人才评价体系，对基础研究人才着重评价其提出和解决重大科学问题的原创能力、其成果的科学价值、其学术水平和影响等。对应用研究和技术开发人才着重评价其技术创新与集成能力，其取得的自主知识产权和重大技术突破、成果转化实效、对产业发展的实际贡献等。对从事社会公益研究、科技管理服务和实验技术的人才重在评价考核工作实效、服务质量、支持能力。

第三个方面是适应调整优化评价体系导向的要求，改进科技人才评价配套方式方法。科学合理设置评价考核周期，注重过程评价和结果评价、短期评价和长期评价相结合，突出中长期目标导向，畅通评价渠道，打破户籍、地域、所有制、身份、人事关系等限制，畅通非公有制经济组织、社会组织和新兴职业等领域科技人才申报评价渠道，简化评价程序，优化评价流程。

第四个方面是实行“揭榜挂帅”制度，从国家紧迫需要和长远发展出发，建立需求导向和问题导向的项目形成机制，强化政府在国家战略与安全方面自上而下的重大任务的顶层设计，紧紧围绕产业发展短板及战略必争领域，聚焦生命健康、环境保护等民生领域重大需求任务。注重吸收企业参与项目设计，凝聚政府、高等院校、科研机构、企业等多方力量，对标世界一流，加强前沿探索和前瞻布局，打好关键核心技术攻坚战，提升产业链和供应链现代化水平。注重在新兴学科和交叉学科方向提炼科学问题，鼓励自由探索，对前沿研究、基础研究和颠覆性技术创新还应建立容错机制。

第三，推进现代化基础设施建设，全力打造新基建。

基础设施包括交通、能源、水利等传统基础设施和以5G（第五代移动通信技术）、工业互联网、大数据中心等为代表的新型基础设施，在经济社会发展全局中具有先导性、基础性、战略性作用，尤其是新型基础设施更是双循环的核心和载体。

我国基础设施建设成效显著，“十三五”规划期间，我国基础设施网络布局不断完善，整体质量明显改善，综合效率快速提升，超大规模基础设施网络已然形成。但是基础设施在全国区域间、城乡间发展尚不平衡，城市群、都市圈互联互通水平还不高，水利基础设施建设仍相对滞后，交通综合运输能力也相对薄弱，基础设施绿色安全发展水平有待进一步提高。因此，统筹推进基础设施建设，构建系统完备、高效实用、智能绿色、安全可靠的现代化基础设施体系，关键就是要善于统筹好新型基础设施和传统基础设施建设。适度超前布局5G基建、大数据中心等新型基础设施，通过5G赋能工业互联网，推动5G与人工智能深度融合，引导大数据行业企业健康发展，加快建设数字中国，打造有活力、有竞争、有潜力的大数据产业成长氛围，从而牢牢把握新一轮科技革命和产业变革带来的历史性机遇，抢占数字经济发展主动权。在此基础上，推动新一代信息技术与制造业融合发展，加速工业企业数字化、智能化转型，提高制造业数字化、网络化、智能化发展水平，推进制造模式、生产方式以及企业形态变革，推动大数据和企业尤其是制造业企业彻底融合，带动产业转型升级。针对传统基础设施领域的突出矛盾和关键制约，精准做好补短板、强弱项工作，强化交通基础设施网络功能，完善综合运输大通道、综合交通枢纽和物流网络，加快城市群和都市圈轨道交通网络化，打造轨道上的城市群、都市圈，提高农村和边境地区交通通达深度，打通“最后一公里”。加大国内油气勘探开发力度，加快油气储备设施和全国干线油气管道建设，形成区域管网和天然气枢纽中心。建设智慧能源系统，优化电力生产和输送通道布局，提升新能源消纳和存储能力，提升向边远地区输配电能力。加强水利基础设施建设，改进灌溉方式，实施国家水网工程，提升水资源优化配置和水旱灾害防御能力。

第四，开展产学研合作，推动创新要素向企业集聚。

强化企业创新主体地位是把科技研发能力转化为经济发展实力的核心要义。企业最具备成为创新主体的特征和条件，天然具有连接科技与产业的动力，还是促进研发向产品和商品转化的绝佳场所。企业是创新要素配置的主体，最有条件成为创新活动主体。党的十八大以来，我国企业创新能力明显提升，涌现出一批具有国际竞争力的创新型企业。但从总体上看，企业创新主体地位还不够突出，需要着力加以解决，主要体现在以下方面：规模以上工业企业研发强度低于发达国家水平，企业和科研机构的合作水平低，产学研仍然各自为政，企业基础研究投入不足，引进技术居多。

强化企业创新主体地位需要多项措施并举。要推动企业提高对国家科技计划、科技重大专项等的决策参与度，支持企业承担国家重大科技项目，使企业成为技术创新决策、研发投入和科研成果转化的主体。可以综合运用财税、金融等普惠性政策手段，在前竞争阶段对企业创新活动予以支持，对于企业的基础研究投入予以税收减免。更加灵活、普遍地运用技术标准、环境保护等手段，不断提高相关门槛，倒逼企业投资研发、加快产业技术升级。弘扬企业家精神，强化竞争政策基础地位，加强知识产权保护，营造公平竞争的市场环境，使企业创新投入得到合理回报，鼓励有技术、有实力的企业参与起草行业和产品标准，增强这类企业在市场上的发言权。加快科研院所改革，构建有利于科技人才向企业流动的体制政策环境，鼓励科研院所和高校科技人才进入企业，鼓励博士毕业生到企业工作，建立企业、科研机构和高等院校的联合体。完善金融支持创新体系，发展创业板、科创板、新三板等直接融资，促进各类资金向创新活动配置。

第五，防止资本脱实向虚，构建金融对于实体经济有效支持的机制体制。

金融是实体经济的血脉，为实体经济服务是金融工作的出发点和落脚点。在新发展阶段，金融工作要主动适应高质量发展要求，主动适应全面建设社会主义现代化国家新形势，主动适应深化供给侧结构性改革主线，把更多金融资源配置到经济社会发展的重点领域和薄弱环节。实体经济是金融的根基，支持实体经济也是金融自身持续健康发展的内在要求。只有形成金融和实体经济的良性循环，才能从根本上防范系统性金融风险。

防止资本脱实向虚，要在宏观层面完善货币供应调控机制，保持广义货币供应量和社会融资规模增速同反映潜在产出的名义国内生产总值增速基本匹配，健全市场化利率形成和传导机制，深化贷款市场报价利率改革，疏通货币政策传导机制。在微观层面通过中央银行引入激励相容机制，设计和创新结构性货币政策工具，引导金融机构优化信贷结构，支持国民经济重点领域和薄弱环节，疏通金融体系向实体经济的传导渠道。深入贯彻创新、协调、绿色、开放、共享的新发展理念，围绕创新链和产业链打造资金链，发挥资本市场支持科技创新的重要作用，形成金融、科技和产业良性循环及三角互动，健全农村金融服务体系，推进碳排放权市场化交易，稳步推进人民币国际化。做大做强实体经济，特别是中国的制造业，引导股票、债券、信托以及期货等金融产品为小微企业、民营企业、“三农”、制造业提供信贷支持，增强金融普惠性。建立中国特色现代金融企业制度，健全商业银行资本补充的长效机制，规范存款市场竞争秩序，实施政策性业务与商业性业务分账管理，大力发展债券市场和多层次资本市场，全面实行股票发行注册制，建立常态化退市机制。统筹规划建立以服务实体经济为核心的金融基础设施，构建适应双向开放的金融基础设施管理体系，规范和约束资本行为，严禁对房价房租等基本民生产品和服务价格进行投机炒作，坚决扭转资金脱实向虚倾向。

第六，推动要素市场化改革，优化营商市场环境，建设高标准市场体系。

推进要素市场化改革是建设高标准市场体系的关键步骤。要素市场发育程度是一国经济竞争力的重要体现，要素市场的效率往往决定了一个经济体的运行效率。要素市场化改革要从土地、劳动力、资本、技术、数据五大要素入手：土地要素方面，要建立健全城乡统一的建设用地市场，改革完善农村宅基地制度，加快发展建设用地二级市场；劳动力要素方面，要深化户籍制度改革，降低落户门槛，建立城镇教育、就业创业、医疗卫生、社会保障等基本公共服务与常住人口挂钩机制，逐步取消城乡差别；资本要素方面，要全面实行股票发行注册制，丰富债券市场品种，推进债券市场互联互通，稳步推进人民币国际化和人民币资本项目可兑换；技术要素方面，要深化科技成果使用权、处置权和收益权改革，推动项目、基地、人才、资金一体化配置，建立市场化、社会化的科研成果评价制度，支持企业牵头组建创新联合体；数据要素方面，要建立数据资源产权、交易流通、跨国（境）传输和安全保护等基础制度与标准规范，扩大基础公共信息数据有序开放，建设国家数据统一开放共享平台，完善数字经济相关经营者集中申报、审查、附加限制性条件等制度。与之相配套的是完善主要要素由市场决定价格的机制，最大限度地减少政府对价格形成的不当干预；建立要素交易服务平台，鼓励要素平台与各类金融机构、中介机构合作，形成涵盖产权界定、价格评估等业务的综合服务体系，提升要素交易监管水平；构建亲清政商关系，优化民营经济发展环境。平等对待和保护国有、民营、外资等各种所有制企业产权和自主经营权，依法保护企业家合法权益，破除制约民营企业发展的各种壁垒，坚决防止权钱交易、商业贿赂等问题损害政商关系和营商环境；全面实施市场准入负面清单制度，完善诚信建设长效机制，健全对新业态的包容审慎监管制度。实施好民法典和相关法律法规，各地区、各部门需要围绕重点任务，通力合作、上下联动，完善工作机制，及时总结、复制、推广好的经验和做法，提升建设能力，形成行动落实与建设成效互促共进的良好局面。

第七，打造战略性新兴产业增长引擎，合理规划各地区的重点发展方向。

“十四五”期间，我国将以提升竞争力和产业集中度为导向，通过让“极点”区域率先发展、引领示范，统筹推进区域重大战略、区域协调发展战略和主体功能区战略，推动要素自由流动和高效集聚，壮大信息技术、生物技术、新能源、新材料、高端装备、新能源汽车、绿色环保、航空航天、海洋装备等产业，推进战略性新兴产业集群发展，优化重大生产力布局，打造更多能够带动全国高质量发展的增长极。构建一批各具特色、优势互补、结构合理的战略性新兴产业增长引擎，要发挥地区比较优势，合理规划产业方向，充分结合国家战略，避免同质化倾向和恶性竞争。

其中，长三角地区需要通过强化区域优势产业协作，重点围绕电子信息、生物医药、航空航天、高端装备、新材料、汽车、绿色化工、纺织服装等领域，加快新旧动能转换，形成若干世界级先进制造业集群。

环渤海地区重点应以京津冀协同发展为核心，重点打造生物医药、智能装备、工业互联网、智能网联汽车、钢铁等世界级先进制造业集群，疏解北京非首都功能，优化区域经济结构和空间结构，高标准、高质量地建设雄安新区。

粤港澳大湾区应通过充分发挥广州、深圳等中心城市作用，推动珠海、佛山、东莞等地协同发展，共同打造电子信息、工业机器人、汽车制造和智能家电等世界级先进制造业集群。

成都和重庆应唱好“双城记”，推进成渝地区双城经济圈建设，加快建设西部陆海新通道，形成西部高质量发展的重要增长极。

东北地区等老工业基地应以优化营商环境为基础推进市场化改革，建设具有全国影响力的重大技术装备制造业基地，进一步巩固提升东北生态建设、粮食生产等绿色发展优势。

长江经济带发展应坚持共抓大保护，不搞大开发。

黄河流域生态保护和高质量发展应坚持重在保护、治理的方针。

第二节　完善内需体系为内循环提供动力

《中共中央关于制定国民经济和社会发展第十四个五年规划和二〇三五年远景目标的建议》明确指出，扩大内需是战略基点，这是根据国际和国内经济背景做出的重要战略抉择。从国际背景来看，当今世界的经济全球化趋势受到了一定程度的遏制，保护主义、孤立主义、民粹主义不断抬头，全球经济深陷“长期性停滞”格局，国际贸易增速连续5年低于世界经济增长水平，国际资本流动出现萎缩。而2020年突如其来的新冠肺炎疫情席卷全球，人流、物流中断，国际贸易与服务业遭受严重冲击，北美、欧洲、东亚全球三大产业链和供应链中心均循环受阻、被严重破坏，进一步加剧了逆全球化趋势。这些问题决定了我国经济发展的立足点必须放在国内。

从国内背景来看，在需求层面上，中国拥有超大规模市场，不仅具有逾14亿的世界最大的人口规模，更为重要的是具有全球最大的中等收入人群；中国的消费品零售总额和进出口总额均居世界前两位，并具有快速增长的潜力。加之 2020 年我国如期完成脱贫攻坚任务，贫困地区的有效需求获得了进一步释放，为扩大内需提供了可能性。随着中国经济总量的崛起，中国经济的对外依存度必然会降低，未来的经济增长潜力将在更大程度上取决于内需的挖掘程度，这为扩大内需提供了必然性。扩大内需、完善内需体系，应当从消费和投资两大方面入手。

增强消费对经济发展的基础性作用

消费对于经济增长具有基础性作用，是扩大内需工作的首要切入点。当今我国社会主要矛盾是人民日益增长的美好生活需要和不平衡不充分的发展之间的矛盾，体现在消费层面就是传统消费远未达到饱和状态，新的消费热点正在形成，我国城乡居民的消费正在从生存型消费向发展型、享受型消费升级。因此，刺激消费、扩大内需必须顺应这一趋势，从以下几点形成合力。

第一，扩大中等收入群体比重，缩小收入分配差距，激发消费活力，形成有效需求。

收入是消费的基础和前提，中等收入群体就业相对稳定，生活条件较好，消费意愿和消费能力较强，对于住房、汽车、文化体育、休闲旅游、医疗保健、教育培训等中高端商品和服务的消费有更多需求，是我国建设强大国内市场，构建以国内大循环为主体、国内国际双循环相互促进的新发展格局的重要基础。

当前，我国的中等收入群体约有四亿人，占全国总人口的比例不到三分之一。因此，扩大中等收入群体，既要做大蛋糕，也要分好蛋糕。做大蛋糕的根本就是高质量发展经济，让发展成果惠及全体人民，分好蛋糕则是侧重分配制度的改革。要把收入分配改革与构建城乡统一的要素市场体系结合起来，把市场机制的初次分配与资源配置功能有效统一起来，处理好整体的收入分配制度顶层设计与具体的城乡改革实践探索的关系问题，妥善处理好效率和公平的关系；要大力提高劳动要素在初次分配中的比重，清理规范隐性收入，取缔非法收入，增加低收入者收入，扩大中等收入者比重，加大居民财产收入的比重，使居民能够充分享受到资产增值所带来的红利；要加大社会保障体系建设的资金投入，扩大社会保障体系覆盖面，扩大政府的转移支付力度，发挥财政在分配过程中的“兜底”作用，适当引入有条件的企业参与社会保障体系建设；要建立对困难群体多元化救助和帮扶机制，科学制定最低生活保障金的增长机制；要努力缩小城乡、区域间、行业间收入分配差距，逐步形成橄榄形分配格局。

第二，巩固脱贫成果，防止返贫现象发生，刺激贫困地区的造血功能和消费能力；在巩固脱贫攻坚成果上持续用力，不断促进贫困地区经济社会发展和群众生活改善，为继续推进乡村振兴打下坚实基础。

一是巩固脱贫攻坚成果。健全防止返贫监测帮扶机制，对脱贫不稳定户、边缘易致贫户进行常态化监测，将其纳入帮扶政策范围，完善快速发现和响应机制，采取有针对性的帮扶措施。做好易地搬迁后续帮扶工作，加强就业、产业扶持和后续配套设施建设，确保搬迁群众稳得住、有就业、逐步能致富，促进脱贫提质增效。

二是推进脱贫摘帽地区乡村全面振兴。贫困地区脱贫摘帽后，自我发展能力仍然较弱，主要体现在交通、水利、生产设施相对落后，教育、医疗、科技、管理等人才匮乏，特色优势产业在吸纳就业、刺激经济等方面能力偏弱，可能存在“小马拉大车”等问题，需要继续增强其造血功能。对西部地区乡村振兴重点帮扶县，应予以财政投入、产业政策等方面的倾斜，扩大对集中连片贫困区域的交通、物流、能源、水利等基础设施投入，加强发达城市和脱贫摘帽乡村的产业合作，减免特色优势产业的税收，打造一批特色鲜明、功能完备的产业园区和产业集群，推进农业与加工业、文化旅游业、康养服务业、信息化产业等高度融合发展，延长产业链。还应通过科技下乡、乡村义诊、教育扶贫等形式推动优质资源进一步下沉到农村基层，激发贫困地区贫困人口内生动力，激励有劳动能力的低收入人口勤劳致富，增强可持续发展能力。

三是推进政策衔接。要抓紧梳理现有扶贫政策，总结脱贫攻坚的实践经验和理论成果，把攻坚期的超常规帮扶举措转成常态化支持政策，强化脱贫攻坚政策与农村社会保障政策的衔接，逐步将针对绝对贫困的脱贫攻坚举措调整为针对相对贫困的常规性社会保障措施。

第三，健全现代物流体系，降低企业流通成本，发展无接触交易服务，实现线上线下消费的有机互动。

物流体系是双循环的物质载体，是实现双循环的重要依托。现代物流体系打破了时空限制，扩大了居民消费产品的地理范围和获得渠道，丰富了居民的消费选择，也降低了居民的消费成本。2020 年新冠肺炎疫情席卷全球，我国的物流体系在物资调配、产品运输上发挥了十分重要的作用，越来越多的消费者开始使用线上购物，加速了消费者从传统零售向线上渠道转移的趋势。现代化物流体系对这一转变功不可没。但是，我国的物流运输体系存在成本高、效率低等问题。2019 年我国社会物流总费用与国际水平相比，仍然处于较高的水平，各种运输方式协同融合程度和组织化程度较低，物流体系末端循环不畅，严重制约了国民经济畅通循环。

建立健全数字化商品流通体系，要和打造新基建一样，重点解决物流网络在偏远落后地区的“最后一公里”问题，畅通城乡末端物流配送网络，在新兴城市、重点乡镇和中西部地区加快布局数字化消费网络，大力开拓城乡消费市场，为广大居民特别是农村居民创造良好的消费条件。将线上渠道作为品牌打造的“必选项”，利用 5G、物联网、大数据、人工智能、区块链等现代化技术，发展线上消费，同时应思考线上和线下渠道（包括消费者直达、社交电商、电商平台和实体渠道）的结合与互动。支持电商、快递进农村，推动农村商贸流通转型升级，提高快递点在农村的分布密度，疏通电商网络在农村的毛细血管，补齐农产品冷链物流设施短板，加快农产品分拨、包装、预冷等集配装备和分拨仓、前置仓等仓储设施建设，开展农商互联农产品供应链建设，提升农产品流通现代化水平。发展乡镇商贸企业，打通连接城乡消费的结合点，推动农村特色产品进入城市，提高农村消费能力，通过工业品下乡来提高农村居民生活质量，释放消费潜力。加大对物流企业的资金和政策扶持力度，激发物流企业的活力，鼓励物流企业到农村投资，鼓励传统流通企业向供应链服务企业转型，建立健全物流产业市场准入机制，平等对待不同所有制的物流企业，最终形成物流企业有序竞争、相互促进的市场局面。

第四，引导居民转变消费观念，顺应居民消费升级的趋势，推动居民绿色消费、健康消费。

随着居民收入水平的提高，更多消费者从注重消费数量向注重消费质量转变，追求更加健康、绿色、环保的消费方式。我国居民的恩格尔系数从 2016 年的 30.1% 降至 2019 年的 28.2%，这标志着居民生活进入了比较富裕阶段。与此同时，麦肯锡发布的《2021 中国消费者报告》显示，自 2020 年新冠肺炎疫情暴发以来，中国消费者的健康和质量意识因疫情而普遍提高，家人安全、整体公共卫生、对疫情蔓延的担忧以及个人健康均位列中国消费者最关注的十大问题。这决定了生产必须以市场需求为导向。

绿色消费方面，政策上鼓励消费者消费绿色产品，增强居民绿色消费意识，加强舆论的监督作用，营造绿色消费的社会氛围，扩大有效供给，规范绿色产品市场。把提高绿色产品供给质量作为企业主攻方向，鼓励企业加大绿色产品研发、设计和制造投入，推动形成供给结构优化和总需求扩大的良性循环。完善质量认证机制和绿色产品市场准入机制，向绿色生产和绿色消费提供财政税收政策支持。借助新技术完善绿色消费体系，通过大数据、信息技术、物联网、云平台等高新技术手段来助力消费绿色化。

健康消费方面，我们要向高收入国家的消费和服务质量看齐，提高消费和服务的性价比，用更少的钱享受一流的产品和服务，加快医疗保健新产品研发创新，加速体育健身、健康家居、智能穿戴等新产品迭代，推动在线问诊、健康微直播、线上健身平台等新业态发展。企业要从全人群、全生命周期、衣食住行用等细分市场中挖掘需求、优化服务。政府也要推动体育、健康等领域基础设施建设，用优质供给进一步满足健康生活新需求。

第五，发展服务消费，放宽服务消费领域市场准入。

国家统计局的相关测算显示，2018 年居民服务性消费支出占消费总支出的比例逼近50%。其中，餐饮收入市场规模首次超过4万亿元，餐饮收入增速高于商品零售增速。旅游、文化、信息等服务消费较快增长，全年国内旅游收入和旅游人次增速都超过10%，电影票房收入增速将近10%；信息消费比2017年增长11%，信息服务消费规模首次超过信息产品消费，说明我国消费形态正在由实物消费加快向服务消费转变。国际经验表明，当人均GDP超过8 500美元以后，服务消费占比上升将进入加速阶段。目前我国的人均GDP已经突破1万美元，服务消费还会有更大的增长空间，养老、旅游、家政等服务业需求有望成为热点。

增加服务消费，就必须破解服务消费的供需矛盾，持续引导社会力量进入服务消费重点领域，清理废除妨碍统一市场和公平竞争的各种规定和做法，营造有利于各类所有制企业公平提供消费产品和服务的市场环境。建立健全“互联网+服务”、电子商务公共服务平台，加快社会服务在线对接、线上线下深度融合。推动服务业向高品质和多样化升级，加快发展健康、养老、育幼、文化、体育、家政等服务业，整合精简现行强制性国家标准、行业标准和地方标准，选择部分服务业探索开展服务标准准入制试点，推进服务业标准化、品牌化建设。鼓励企业强化服务质量意识，积极运用新理念和新技术，精细服务环节，延伸服务链条，创新服务方式，改进服务流程，综合采取风险监测、质量分析、标准领航等措施以提升质量水平。

第六，落实带薪休假，扩大节假日消费。

近些年人们利用节假日集中购物消费形成了带动供给、市场、经济发展的假日经济。文旅部门发布的信息显示，2020 年“十一”黄金周第一天，我国共接待国内游客 0.97 亿人次，按可比口径同比恢复 73.8%；实现旅游收入 766.5 亿元，按可比口径同比恢复 68.9%。假日经济的蓬勃发展折射出我国构建双循环新发展格局释放的发展动能，不断释放经济增长的内需潜力，尤其是居民消费活力，同时国内消费增加会通过国际贸易渠道来增加世界需求总量，促进全球经济复苏。

发展假日消费，关键是进一步增加我国公民节假日天数，鼓励弹性作息，有条件的地方和单位可根据实际情况，依法优化调整夏季作息安排，为职工周五下午与周末结合外出休闲度假创造有利条件，保障劳动者的合法权益，把带薪休假作为劳动者的基本权利。加快经济结构调整和就业结构转型，适当收缩劳动密集型产业，发展现代服务业，特别是生产性服务业，促进产业结构的转型升级，加大对第三产业从业人员的教育培训，提高先进科学技术在第三产业中的应用水平。各级政府应当加大公共投资力度，例如对交通设施更新、大型房车露营地建设、文物的维护、自然环境的保护、特色食物的宣传等，以此来刺激假日经济的发展。公共投资建设基建项目将为我国假日经济发展提供全方位的配套措施。

第七，培育国际消费城市，改革出入境管理和离境退税制度，发展免税业务和跨境电商。

围绕国家重点区域发展战略打造新型消费增长极，培育建设国际消费中心城市，着力建设辐射带动能力强、资源整合有优势的区域消费中心，加强中小型消费城市梯队建设。规划建设城乡融合新型消费网络节点，积极发展“智慧街区”“智慧商圈”。深化步行街改造提升工作，加快商业街提档升级，鼓励有条件的街区加快数字化改造，提供全方位数字生活新服务。优化百货商场、购物中心、便利店、农贸市场等城乡商业网点布局，引导行业适度集中。促进传统百货店、大型体育场馆、闲置工业厂区向消费体验中心、休闲娱乐中心、文化时尚中心等新型发展载体转变。完善社区便民消费设施，加快规划建设便民生活服务圈、城市社区邻里中心和农村社区综合性服务网点。加强消费环境建设，开展城市环境美化建设，提高服务质量和水平，制定完善促进消费相关政策，提升城市消费竞争力。打造消费时尚风向标，培育发展一批国际产品和服务消费新平台。鼓励国内外重要消费品牌发布新产品、新服务，促进时尚、创意等文化产业新业态发展。

发挥投资对优化供给结构的关键作用

作为内需的另一环节，投资对于优化供给结构具有关键作用。我们要拓展投资空间，优化投资结构，保持投资合理增长，实施和推进一批强基础、增功能、利长远的重大项目建设，结合消费市场共同打造高质量的内需供给体系。因此，我们可以从以下几个方面入手。

第一，推动企业设备更新和技术改造，扩大战略新兴产业投资。

我国拥有世界上最完整、最庞大的工业体系，是全球唯一拥有联合国产业分类中全部门类的国家，尤其是制造业奠定了我国成为“世界工厂”的产业基础，传统制造业依然是我国工业经济的主体。因此，要坚持市场导向，通过推动企业加大对传统制造业升级改造投资，强化数据、信息等先进生产要素应用，加强上游原始创新与下游销售网络建设，培育上下游协同创新、复杂产品设计、质量品牌建设、个性化定制等先进产业能力，全面优化提升中国制造的供给。扩大企业在人力资源、设备改造、技术升级等方面的投入，注重发展劳动密集型产品代工与先进制造能力相结合的生产模式，从以增量为核心的外延式投资向以提质为核心的内涵式投资转变，健全制造业高端化标准体系。发展壮大信息技术、生物技术、新材料、航空航天、绿色环保等产业，推进互联网、大数据、人工智能等技术向企业普及，促进平台经济、共享经济健康发展。要维护国内企业在现有全球价值链中的地位和作用，通过国内国际双循环相互促进，进一步提升企业的国际竞争力。

第二，积极支持和着力推进重大项目建设，加强重大项目储备。

新冠肺炎疫情暴露了我国在社会治理、公共卫生设施、应急能力建设、物资储备体系等领域还存在一些短板弱项，具体表现是：公共卫生设施有待完善，应急医疗卫生物资储备设施严重不足，城镇污水、垃圾、供水供热供气等市政设施服务供给能力短缺，特别是医疗垃圾处理能力有待提高。疫情之后，这些短板也指明了我国下一步的投资方向。因此，政府投资要坚持服务于国家重大战略，聚焦关键领域和薄弱环节，合理扩大有效投资，加大补短板强弱项力度。推进重大战略实施，加快国家重大战略项目建设。坚持资金和要素跟着项目走，加大项目资金、用地、能耗等要素保障力度，加快推进项目开工建设。推进新型基础设施、新型城镇化、交通水利等重大工程建设，支持有利于城乡区域协调发展的重大项目建设，实施川藏铁路、西部陆海新通道、国家水网、雅鲁藏布江下游水电开发、星际探测、北斗产业化等重大工程，推进重大科研设施建设、重大生态系统保护修复、公共卫生应急保障、重大引调水、防洪减灾、送电输气、沿边沿江沿海交通等领域的重大项目，提高储备项目质量。

第三，发挥政府投资“四两拨千斤”的撬动作用，形成市场主导的投资增长机制。

充分发挥投资对推动经济高质量发展的关键作用，坚持新发展理念，落实高质量发展要求，深化投融资体制改革。宏观政策要逆风调节，强化财税政策支持和引导，促进国内市场实现良性循环,加大对短板领域的减税降费力度,让企业轻装上阵，不断释放经济增长的内需潜力。解决地方财政事权和财权不匹配的问题，对财税体系进行调整，也要解决地方政府与企业之间的天然软约束所产生的潜在的、隐性的信用扩张冲动，重构地方国企的功能和管理体系。拓展投资空间，发挥中央基建投资、地方政府专项债券等作用，在严控风险的基础上，用好用足地方政府发债额度，支持国家重点领域、重大工程、重大项目建设，聚焦关键领域和薄弱环节，积极扩大有效投资，保证投资行为的持续性和长期性，防止“半拉子”工程。政府要发挥投资撬动作用，激发民间投资活力，创新政府投资和民间资本的合作模式，通过项目招标、BOT（建设—经营—转让）或者交钥匙等模式来引导民间资本参与公共卫生、物流仓储、基础设施设备生产等短板领域建设，对于已经列入重点投资项目清单的民间投资重大工程和重点项目要积极落实建设条件，有序推动民间投资项目，坚定地拓展开放空间，坚持实施更大范围、更宽领域、更深层次的对外开放，一如既往地以合作胸怀对待外贸外资。

第三节　参与全球治理和公共品提供

新发展格局是坚持深化改革开放的国内国际双循环相互促进的统一体。新发展格局以国内大循环为主体，并不意味着不重视对外开放，也不意味着要挤压或放弃国际大循环，而是以更高水平融入国际经济循环体系的同时，从我国国情出发，遵循大国经济发展规律，以畅通国民经济循环为主构建新发展格局，以国内分工和技术创新的发展推动国际分工和国际技术创新的发展。

我国产业链和需求市场已经深度融入全球经济体系，目前是120多个国家和地区的最大贸易伙伴。新时代进入新发展阶段，我国在世界经济中的地位将持续上升，同世界经济的联系会更加紧密。构建新发展格局，要求处理好扩大内需和稳定外需的关系。国内循环越顺畅，越能形成全球资源要素的引力场，越有利于形成参与国际竞争和合作的新优势。只要坚持立足国内大循环，发挥比较优势，协同推进强大国内市场和贸易强国建设，以国内大循环吸引全球资源要素，充分利用国内国际两个市场两种资源，积极促进内需和外需、进口和出口、引进外资和对外投资的协调发展，我国就能加快形成以国内大循环为主体、国内国际双循环相互促进的新发展格局，全面塑造发展新优势。

此外，我国面临百年未有之大变局。从自身而言，在全球的工业化进程中，人口占比最大的中国从旁观者、落伍者，变成了参与者、赶超者和引领者，中国的崛起将从根本上改变历史，改变格局。从全球来看，全球治理体系处于赤字状态，旧有体系痼疾未清，新多边体系悬而未决。国际治理体系、多边体系的修复依然重要。责任赤字、民主赤字、发展赤字等一系列赤字问题突出，全球治理失灵，这就决定了中国务必承担更多的责任，务必以参与全球公共品供给和全球治理为突破口，构建外部大循环。

第一，依托国内大市场优势，推动更高水平的对外开放，深度融入全球经济。

强大的国内市场是我国最大的竞争力，也是对外开放最大的吸引力，是稳定经济发展和抵御外部风险的根本依托。我国已经成为世界主要的消费市场，经济增长模式转向消费、投资和出口协调拉动，这就要求我国必须通过经济增长来带动世界经济复苏，促进国际经济大循环，形成参与国际经济合作和竞争的新优势；持续扩大服务贸易规模，发展特色服务贸易。实行积极进口政策，利用好中国国际进口博览会等贸易促进平台，向全球扩大市场开放，扩大中国对各国高质量商品和服务的进口。构建跨境电商发展新格局，稳步提高出口商品的附加值，优化资本品、消费品贸易结构和贸易方式，鼓励外贸企业参与市场采购贸易试点出口，推动中小微出口企业集聚发展，提升外贸综合服务数字化水平。充分发挥我国率先控制新冠肺炎疫情的优势，持续优化外商投资营商环境，尤其是落实《中华人民共和国外商投资法》及其实施细则，坚持打造法治化、市场化、国际化的营商环境，鼓励外资投向新兴产业、高新技术产业、现代服务业等领域，优化外资利用方式和行业分布结构，让外资也积极参与国内经济大循环的梳理和布局。进一步发挥自由贸易试验区的制度创新作用，以海南自由贸易港为试点，努力建立同国际投资和贸易通行规则相衔接的制度体系，发挥经济特区优势，提升先进制造业和现代服务业发展水平。继续降低关税水平，不断推出跨境贸易便利化举措。减少单证数量，推行通关手续一站式服务和自助服务，提高跨境贸易便利化程度。遵循共商共建共享的原则，推动建立公正、包容、共享的世界经济体系，形成公正合理的国际经济新秩序。以更高的开放水平应对逆全球化，推动全球各国各企业之间合理分工，为世界经济增长带来更多红利，促进世界经济繁荣。

第二，积极参与 WTO 改革，成为规则的建设者和引领者。

以世贸组织为核心、以规则为基础的多边贸易体制是经济全球化和自由贸易的基石，这一多边贸易体制为推动全球贸易发展、促进经济增长和可持续发展做出了非常重要的贡献。自 WTO 于 1995 年成立以来，其改革始终是各成员讨论的中心话题，但一直未能取得重大进展。原因在于 WTO 体系正面临生死存亡危机，其规则体系已远落后于世界经济贸易发展现实，谈判功能和决策效率低下问题日渐显露，争端解决机制恐将陷入瘫痪。

随着中国成为世界第一贸易大国，对世界经济增长的贡献率达到 30%，2020 年更是成为 G20 集团中唯一实现正增长的经济体，中国正在从国际规则的学习者、遵守者和运用者向维护者、建设者和引领者转变，有必要以 WTO 改革为契机发出自己的声音，贡献中国智慧，参与全球治理，缓解发展赤字问题。为此，中国要建立广泛的统一战线，获得广泛的国际支持，推动 WTO 按照三个基本原则和五点主张进行必要的改革。

三个基本原则的概述如下。一是 WTO 改革应该维护多边贸易体制的核心价值。非歧视和开放是多边贸易体制最重要的核心价值，也是世贸组织成员在多边规则框架下处理与其他成员经贸关系的一个根本遵循，改革应加强多边贸易体制的核心价值，推动 WTO 在全球经济治理中发挥更大的作用。二是 WTO 改革应该保障发展中成员的发展利益。发展是 WTO 工作的一个核心，改革应该解决发展中成员在融入经济全球化方面的困难，赋予发展中成员实现其经济发展所需要的灵活性和政策空间，帮助实现联合国 2030 年可持续发展的目标，缩小南北差距。三是 WTO 改革应该遵循协商一致的决策机制。改革关系到多边贸易体制的未来，改革的议题选择和最终结果应该通过协商一致做出决策，改革的进程应该保证广大成员特别是发展中成员的共同参与，而不要由少数成员说了算，也不要搞“小圈子”。五点主张依次为：WTO 改革应维护多边贸易体制的主渠道地位；优先处理危及 WTO 生存的关键问题；解决规则的公平问题，并且回应时代的需要；保证发展中成员的特殊与差别待遇；尊重成员各自的发展模式。

第三，以“一带一路”沿线国家为重点，落实自由贸易区提升战略。

自由贸易区提升战略是我国新一轮对外开放的重要内容，也是推进更高水平对外开放的重要载体。随着全球经济格局发生重大变化，发达国家通过加快自由贸易区建设重构全球经贸规则，自由贸易区将会成为大国制定国际贸易规则、抢夺国际发展权的重要抓手，落实自由贸易区提升战略迫在眉睫。因此，我国在维护多边贸易体制主渠道地位的同时，奉行开放的区域合作政策，以“一带一路”沿线国家为重点，推动形成亚太市场和亚欧大市场为关键目标，构建东西互济、海陆统筹、覆盖周边、辐射全球的自由贸易区布局，成为全球区域贸易协定中的“轮轴国”。坚持进出口并重，通过自由贸易区改善与自由贸易伙伴双向市场准入，合理设计原产地规则，促进对自由贸易伙伴贸易的发展，推动构建更高效的全球和区域价值链。加快自由贸易区投资领域谈判，有序推进以准入前国民待遇加负面清单模式开展谈判。在维护好我国作为投资东道国利益和监管权的前提下，为我国投资者“走出去”营造更好的市场准入和投资保护条件，实质性地改善我国与自由贸易伙伴双向投资准入，利用签署的 RCEP 和达成的《中欧投资协定》推动中国企业走向亚太和欧盟，优化对外贸易和投资的布局。加强已生效的自由贸易协定实施工作，谈判优化政府公共服务，全面、及时提供有关自由贸易伙伴的贸易、投资及其他相关领域法律法规和政策信息等咨询服务，使自由贸易区建设更好地服务西部地区经济社会建设，促进我国区域协调发展。增强自由贸易区谈判人员配备，加大对外谈判人员教育培训投入，加强经济外交人才培养工作，逐步建立一支政治素质好、全局意识强、熟悉国内产业、精通国际经贸规则、外语水平高、谈判能力出色的自由贸易区建设领导、管理和谈判人才队伍。

第四，畅通产业链的要素国际循环，提升产业链一体化协同水平。

新冠肺炎疫情全球大流行让全世界看到了面对危机冲击，维护世界经济体系稳定，特别是维护全球产业链、供应链安全的重要意义。我国是经济全球化的积极倡导者、坚定维护者，面对经济全球化遭遇逆流、国际经济政治格局复杂多变的新形势，我国坚持高举多边主义旗帜，共同维护国际产业链、供应链的安全稳定。这需要加强国际产业安全合作，解决我国产业链和供应链的不稳、不强、不安全问题，增强产业链、供应链韧性，形成具有更强创新力、更高附加值、更安全可靠的产业链、供应链，打造新的竞争优势。因此，我们要准确把握产业链和供应链区域化、本地化、多元化、数字化转型的新趋势，巩固拉长产业链、供应链长板，吸取发达国家产业“空心化”教训，在推动发展服务业的同时，着力保持制造业比重基本稳定，打造新兴产业链，推动传统产业高端化、智能化、绿色化变革，由点及线、由线及面、点面结合推动提升产业链水平。通过出台有针对性的政策，营造有利于制造业发展和产业链、供应链稳定的生态体系，稳住外资外贸基本盘，强化要素支撑，增强产业链韧性，确保产业链不断裂，把产业基础和核心企业的根留在国内，将主动布局同开放发展相结合，形成国内外产业链相互“扭抱缠绕”格局。坚持将国际产业安全合作同高质量推进“一带一路”建设有机结合，以产业衔接、产能互补、互利共赢为导向，构建以“一带一路”为核心的区域产业链、供应链，共建跨区域的富有弹性的供应链，协作处理潜在供应链中断风险。广泛开展技术、标准、知识产权、检验检测、认证认可等多方面的国际交流与合作，凭借学习效应、溢出效应和示范效应等途径提升国内供给能力，以国内分工和技术创新的发展推动国际分工和国际技术创新的发展。

第五，推进人民币国际化，开展平等互利的经贸合作。

人民币国际化在双循环格局中有着重要地位。双循环格局中的资金流将会逐渐转变为人民币支付进口和对外合作，再通过出口收取人民币和境外主体投资境内金融市场等渠道回流境内的人民币循环，这将更有效地发挥我国国内大市场的作用。另外，我国率先控制了疫情，市场预期较好，人民币资产的“避风港”作用日益凸显，人民币国际化也将是一个水到渠成的过程。因此，我们要建设完备的基础设施，依托“一带一路”拓展人民币跨境使用空间，做好沿线国家政治、经济、金融市场的风险评估和预警，为各种市场主体使用人民币创造更好的条件，在自由贸易区内积极稳妥推进人民币资本项目可兑换的各项试点，便利境内外主体跨境投融资，积极引导和推动企业与金融机构在相关国家和地区的人民币投资及信贷行为。扩大金融高水平双向开放，统筹推进金融市场开放和资本项目可兑换，扩大规模并拓展深度，尤其是拓展金融衍生品市场，鼓励和推进国外投资者积极参与境内人民币资产投资，提高金融业全球竞争力。发挥中国规模庞大的优势，推广人民币计价的大宗商品现货，发展期货市场，进一步扩大石油等以人民币计价的大宗商品期货，在结算和投资职能的基础上，拓展各国储备需求，创新适合国外央行配置的人民币固定收益资产，满足国外央行对资产多样性和平滑期限结构的需求。完善离岸人民币的合法充实和回流机制，创新吸引投资者的人民币计价离岸金融产品，加强对离岸资金流动和衍生品交易的监测，密切人民币离岸与在岸市场之间的资金流动和业务往来，探索离岸人民币市场的管理机制。支持大型国有银行和部分有条件的中型银行做好国际化发展的规划，与本土企业“走出去”相呼应，将银行国际化发展纳入我国金融发展战略之中，加强与国外银行在人民币支付清算、资金拆放和报价做市等方面的业务合作，为企业“走出去”和人民币资本输出提供更加完善的配套银行服务。扩大人民币跨境支付系统的全球影响力，推进IMF改革，逐步提高人民币在特别提款权中的比重，丰富系统功能和产品类别，依托上海国际金融中心的功能和市场体系，将人民币跨境支付系统的使用推广到更多地区。

第六，积极促进国际减贫合作，推动构建人类命运共同体。

中国在2020年完成脱贫攻坚任务，提前10年实现了联合国2030年可持续发展议程的减贫目标。中国积极参与全球减贫事业，打造减贫和发展新引擎，有利于推广中国的发展经验，提振国际发展信心，为弥补发展赤字、遏制全球贫富差距扩大注入了中国动力，打造了良好的外部循环环境。没有中国的脱贫成就，国际社会实现全球贫困人口减半的千年发展目标便无从谈起。全球还有超过7亿人生活在贫困线以下，摆脱贫困依然是国际社会面临的紧迫挑战。

中国要讲好脱贫减贫故事，当务之急是加强国际抗疫合作，共同维护全球公共卫生安全，支持国际社会抗击疫情，分享疫情防控诊疗经验，提供医疗物资援助，加强疫苗研发合作，支持发展中国家战胜疫情，形成人类卫生健康共同体，形成治理疫情的全球方案。在联合国、G20 峰会、亚太经合组织、金砖国家等机制框架下，积极推动国际社会更加关注发展中国家的脱贫减贫问题，推动发展筹资向减贫、教育、卫生、基础设施建设等民生领域倾斜。促进贸易投资自由化便利化，推进构建开放型世界经济，推动经济全球化朝着开放、包容、普惠、平衡、共赢的方向发展，与全球治理工作同步进行，解决发展赤字问题。同共建“一带一路”沿线国家加强战略对接，全面推进基础设施互联互通，开展交通、通信、能源、贸易、金融和互联网等重点领域务实合作，促进产业结构升级，开辟经济增长空间。同广大发展中国家深化南南减贫合作，加强治国理政经验交流和发展战略对接，提高不发达地区的造血能力，扶植发展民族产业，打造更多扶贫品牌项目和示范工程，实施援外减贫项目，帮助发展中国家破解发展瓶颈。

后记

发达国家的历史表明，在市场经济体系下，任何经济大国的成长都需经历由弱到强、由“以外促内”转向“以内促外”的必然调整。大国经济崛起最为关键的标志就是构建安全、可控、富有弹性和韧性、以内为主、控制世界经济关键环节的经济体系。

随着我国正式进入建设以国内大循环为主体、国内国际双循环相互促进的新发展格局，未来国内循环、国际循环的关系将进入新阶段。新发展格局以国内大循环为主体，并不意味着不重视对外开放，也不意味着要挤压或放弃国际大循环，而是在以更高水平融入国际经济循环体系的同时，从我国国情出发，遵循大国经济发展规律，以畅通国民经济循环为主构建新发展格局，以国内分工和技术创新的发展推动国际分工与国际技术创新的发展。

当今世界处于百年未有之大变局。在疫情暴发之前，以西方发达国家为首的贸易保护主义逐渐抬头、逆全球化趋势显现、中美贸易摩擦加剧、全球经济相对低迷等诸多因素，都在推动着全球供应链格局的再调整。在疫情暴发之后，各国加大对进出口的管制，各国经济遭受重创，全球贸易皆出现不同程度的停滞与受损，进一步加剧了供应链的调整以及国际贸易的不确定性。我国作为世界第二大经济体与“世界工厂”，在全球供应链中承担着不可或缺的角色。全球供应链格局的调整对我国是机遇，同时也是挑战。

2021 年是“十四五”规划实施的第一年。迈向“以国内大循环为主体、国内国际双循环相互促进的新发展格局”决定了战略转型和战略替换将是 2021 年经济运行的核心主题。科技创新自立自强、产业链和供应链的安全性布局、国内大循环的畅通与短板的补足、扩大内需战略层面的启动等举措不仅将引发 2021 年经济主体预期的改变，同时也将替代非常规刺激政策成为需求扩张的基础力量。

本书主要总结了笔者近期对于“双循环”和“新发展格局”的初步思考。随着双循环战略的不断推进，我们也会对双循环战略和新发展格局进一步深入思考和理解。我们希望本书对关心中国改革开放和发展的各界读者有所助益。

注 释

第一章 双循环战略的时代背景及理论基础

1. 《习近平：在庆祝改革开放40周年大会上的讲话》，http：//www.xinhuanet.com/2018-12/18/c_1123872025.htm。
2. 社科院：《中国正式进入中等偏高收入国家行列》，http：//edu.sina.com.cn/bschool/2016-10-25/doc-ifxwztrt0278406.shtml。
3. 国家统计局：《波澜壮阔四十载 民族复兴展新篇——改革开放40年经济社会发展成就系列报告之一》，http：//www.stats.gov.cn/ztjc/ztfx/ggkf40n/201808/t20180827_1619235.html。
4. 国家统计局：《农村改革书写辉煌历史 乡村振兴擘画宏伟蓝图——改革开放40年经济社会发展成就系列报告之二十》，http：//www.stats.gov.cn/ztjc/ztfx/ggkf40n/201809/t20180918_1623595.html。
5. 国家统计局：《2019年全国农村贫困人口情况分析：贫困发生率显著下降》，http：//data.chinabaogao.com/gonggongfuwu/2020/0244N15H020.html。
6. 国家统计局：《扶贫开发成就举世瞩目 脱贫攻坚取得决定性进展——改革开放40年经济社会发展成就系列报告之五》，http：//www.stats.gov.cn/ztjc/ztfx/ggkf40n/201809/t20180903_1620407.html。
7. 国家统计局：《改革开放铸就工业辉煌 创新转型做强制造大国——改革开放40年经济社会发展成就系列报告之六》，http：//www.stats.gov.cn/ztjc/ztfx/

ggkf40n/201809/t20180904_1620676.html。

8. 国家统计局：《服务业在改革开放中快速发展擎起国民经济半壁江山——改革开放 40 年经济社会发展成就系列报告之十》，http：//www.stats.gov.cn/ztjc/ztfx/ggkf40n/201809/t20180910_1621829.html。
9. 国家统计局：《国内市场繁荣活跃 消费结构转型升级——改革开放 40 年经济社会发展成就系列报告之七》，http：//www.stats.gov.cn/ztjc/ztfx/ggkf40n/201809/t20180905_1621054.html。
10. 国家统计局：《统筹人口发展战略 实现人口均衡发展——改革开放 40 年经济社会发展成就系列报告之二十一》，http：//www.stats.gov.cn/ztjc/ztfx/ggkf40n/201809/t20180918_1623598.html。
11. 国家统计局：《居民生活水平不断提高 消费质量明显改善——改革开放 40 年经济社会发展成就系列报告之四》，http：//www.stats.gov.cn/ztjc/ztfx/ggkf40n/201808/t20180831_1620079.html。
12. 国家统计局：《2017 年中国人口平均预期寿命达 76.7 岁》，https：//www.fx678.com/C/20180918/201809181748272280.html。
13. 国家卫健委：《我国居民人均预期寿命从 76.3 岁提高到 77.3 岁》，http：//news.cnr.cn/native/gd/20201028/t20201028_525312445.shtml。
14. 国家统计局：《农村改革书写辉煌历史 乡村振兴擘画宏伟蓝图——改革开放 40 年经济社会发展成就系列报告之二十》，http：//www.stats.gov.cn/ztjc/ztfx/ggkf40n/201809/t20180918_1623595.html。
15. 商务部：《已与 26 国或地区签署 19 个自贸区，自贸协定利用率达 77%》，https：//new.qq.com/omn/20201230/20201230A04GX200.html。
16. 国家统计局：《对外经贸跨越发展 开放水平全面提升——改革开放 40 年经济社会发展成就系列报告之三》，http：//www.stats.gov.cn/ztjc/ztfx/ggkf40n/201808/t20180830_1619861.html。
17. 国际劳工组织：《新冠肺炎疫情导致很多国家平均工资下降或增长放缓》，http：//www.xinhuanet.com/2020-12/02/c_1126814356.htm。
18. 贸发会议报告：《最不发达国家亟待提高生产能力以复苏经济》，http：//www.

xinhuanet.com/2020-12/04/c_1126821349.htm。

19. 中国政府网：《经合组织最新报告预测中国仍将是今年唯一实现正增长主要经济体——为全球经济复苏贡献中国力量》，http ：//www.gov.cn/xinwen/2020-12/08/content_5567828.htm。
20. 发改委：《世界经济重心东移趋势日显》，https ：//www.ndrc.gov.cn/fggz/gjhz/zywj/202012/t20201210_1252509_ext.html。
21. 刘元春：《未来五年技术进步不支持经济摆脱长期停滞》，http ：//finance.sina.com.cn/zl/china/2021-01-06/zl-iiznctkf0361928.shtml。
22. 刘元春：《关于全球化必须正视的几个问题》，https ：//www.sohu.com/a/432536782_345245。
23. 刘元春：《"十四五"时期国际力量将加速重构，中国面临五大挑战》，http ：//www.imi.ruc.edu.cn/viewpoint/71595。
24. 高飞，王冬：《从三个维度理解"十四五"规划〈建议〉》，http ：//zgjjjc.ccdi.gov.cn/bqml/bqxx/202011/t20201115_230054.html。
25. 刘元春：《解析"十四五"时期发展目标和主要任务》，https ：//www.sohu.com/a/431234308_345245。
26. 刘元春 . 深入理解新发展格局的科学内涵［J］. 理论导报，2020（10）：61-62.
27. 中国宏观经济论坛：《CMF 中国宏观经济分析与预测报告（2020—2021）》。
28. 新华网：《我国科技进步贡献率已达 59.5%》，http ：//www.xinhuanet.com/2020-10/21/c_1126636951.htm。
29. 刘元春，刘晓光，闫衍 .《迈向双循环新发展格局的中国宏观经济》。https://baijiahao.baidu.com/s ? id=1684612084487229209。

第二章 "双循环"战略的内涵

1. 刘元春 . 国内国际双循环是相互促进的 ——兼析对"新发展格局"的片面和错误认识［N］. 北京日报，2020-09-07.

2. 世界知识产权组织：https：//www.wipo.int/ipstats/zh/。
3. 刘元春：《双循环新格局是处理内外矛盾新变化的必然之举》，https：//www.sohu.com/a/425721874_120815451 。
4. 刘元春 . 深入理解新发展格局的丰富内涵［N］. 光明日报，2020-09-08（11）.
5. 同上。
6. 刘元春：《双循环新格局是处理内外矛盾新变化的必然之举》，https：//www.sohu.com/a/425721874_120815451 。
7. 同上。
8. 刘元春：《国内国际双循环是相互促进的》，https：//www.163.com/dy/article/FM40OOEJ0516R4QO.html 。